知识生产的原创基地
BASE FOR ORIGINAL CREATIVE CONTENT

颉腾商业
JIE TENG BUSINESS

THE COURAGE WAY

LEADING AND LIVING WITH INTEGRITY

勇气之路

有效引领组织 活出真实人生

[美] 勇气与新生中心（Center for Courage & Renewal） 谢利 · 弗朗西斯（Shelly L. Francis）◎著

骆骏（Laurence Luo）◎译

西苑出版社
XIYUAN PUBLISHING HOUSE
· 北京 ·

图书在版编目（CIP）数据

勇气之路：有效引领组织，活出真实人生 / 美国勇气与新生中心，(美) 谢利・弗朗西斯著；骆骏译 . -- 北京：西苑出版社，2023.4

ISBN 978-7-5151-0885-8

Ⅰ. ①勇… Ⅱ. ①美… ②谢… ③骆… Ⅲ. ①领导学 Ⅳ. ① C933

中国国家版本馆 CIP 数据核字（2023）第 058071 号

勇气之路：有效引领组织，活出真实人生

YONGQI ZHI LU：YOUXIAO YINLING ZUZHI，HUOCHU ZHENSHI RENSHENG

策　　划：颉腾文化
责任编辑：汪昊宇
责任印制：陈爱华
出版发行：西苑出版社 XIYUAN PUBLISHING HOUSE
地　　址：北京市朝阳区和平街 11 区 37 号楼　　邮政编码：100013
电　　话：010-88636419
印　　刷：石家庄艺博阅印刷有限公司
开　　本：787 mm×1020 mm　1/16
字　　数：185 千字
印　　张：14.75
版　　次：2023 年 6 月第 1 版
印　　次：2023 年 6 月第 1 次印刷
书　　号：ISBN 978-7-5151-0885-8
定　　价：79.00 元

（图书如有缺漏页、错页、残破等质量问题，请与出版社联系）

行业赞誉

中国人在自我成长的道路上往往会遇到两个重大的挑战：知行如何合一？群体如何和谐？历年来，无数人为此付出了巨大努力，给出了多种多样的回答。《勇气之路》厘清了知行之间的“冲突”，讲透了内在自我与外在行为之间的关系，梳理了自我与群体之间的“矛盾”，给出了“修身”与“齐家、治国”之间的实践路径。

——王胜

致极学院执行院长及联合发起人

在未知、复杂的世界中，我们常常深陷恐惧。这源于我们缺少来自内在心灵的勇气。但就如同《勇气之路》中讲到的，只有当“心之所往”和“心之所从”重归一处，才能走向身心完整的人生，才能在各个领域创造真正的变革。

——徐立

教育电影使者，《未来学校》《戈壁行者》导演

提到“勇气”，很容易让人想到帕尔默那本在教育界颇具影响力的《教学勇气：漫步教师心灵》。勇气，是我们打开并走入现实之门的第一把钥匙，人人都想拥有，但又苦于难窥其径。好在，由帕尔默创办的“勇气与新生中心”所撰写的这本《勇气之路》，让我们轻松获得勇气之匙。

——齐德才

知名德育专家

读这本书时常让我热泪盈眶。在以结果为导向的传统企业管理领域中，“赢并非一切，而是唯一”的理念深入人心。特别是在组织变革中，大刀阔斧的裁员强硬果断，这时的勇气通常被视为舍弃和决绝。然而，领导者坚守原则、缓步前行，并从自身现实出发，持续改善，选择自我克制、耐心和爱的勇气，更为难能可贵。有时候，勇气只是一句“我明天还要再试”。我强烈推荐这本书给所有的组织变革者。孤独前行之时，它会给你心灵的慰藉和行动的力量。

——史科骏

精益管理咨询顾问

勇气是一个人在认知、情感、道德和灵性等多个层面上实现进化的必要品质，是实现意识进化的关键枢纽。没有勇气，就没有实现意识进化的可能。《勇气之路》的最大价值在于它深入探讨了勇气在个人和集体意识进化中的关键作用。勇气是个人实现进步和成长的必要品质，是克服内心恐惧和疑虑、超越自身舒适区的基础。这本书通过实例和技巧，让读者学习如何培养自己的勇气，并将其应用于领导力以及工作生活中。强烈推荐此书给走在身心完整路上的各界朋友们。

——韦伟

勇气更新中心联合发起人，团队对话教练，奇迹工坊主理人

从怯懦的小男孩到生态村发起人，我一直在人生之路上踽踽独行。这份勇气来自哪里？如何将这种勇气分享给更多人？有了勇气后，又如何培养从零到一的具有生态整全思维的创生力？《勇气之路》这本书提供了实操的方法，带给我许多思考。

——汪海潮

三生谷生态村 / 三生谷生态书院发起人

帕尔默先生的《教学勇气》在中国发行20多年来，成为激励无数中国教师的经典书目。中国教师勇气更新公益活动也在持续引领教师成长。读完《勇气之路》这本新作，我们得以清晰地看见了这条链接过去与未来、链接自我与世界的勇气之路。

——吴虹

教育创新实践者，教师勇气更新公益活动志愿者

当我打开《勇气之路》，我听见一个清晰的声音在内心里回响：这是一本对的书，每一位热爱这本书的人都是我们的同行者。WorkFace在十年探索之后，立定全新的使命，要成为促进和支持对话的“容器”。这个使命确立之后，我们就开始了全国参访之旅。在一场场对话中，我们不断去聆听自己内在的声音，越走越宁静，越走越深入。我们意识到这条道路正是书中所说的勇气之路。我们经由进入群体，找到了自己的内在之师。

——Laopan

WorkFace创始人

我们常常将勇气与内在力量的行使放在一起，代表有力量面对自己的脆弱，面对批评、否定、轻蔑和不重视所带来的恐惧、孤单、羞愧和抑郁。透过这本书，我们可以体验到勇气是一份很深的信任，包括信任自己、他人和环境，这份信任中藏着我们的潜能。

——曹敬唯

中国萨提亚国际大会主席，心理畅销书《萨提亚深层沟通力》作者

谢利·弗朗西斯写了一本美好又重要的书，在“觉醒商业”领导者的必备美德中，“勇气”是最为重要的美德之一——为人的绽放而去奋斗的勇气，与将人视作零件的传统商业思路相抗争的勇气。

在“勇气”这个极其重要的话题上，这本《勇气之路》做了最精妙的探讨。

——拉金德拉·西索迪亚 (Raj Sisodia)

美国巴布森学院杰出教授，“觉醒商业”联盟联合创始人及荣誉主席，《美好企业》《共情：觉醒商业的管理》《共赢：觉醒商业的实践》作者

我们需要的领导者，是为他人贡献奔忙的领导者；是当人们在日日奔忙中无视且践踏、霸凌且亵渎人性时，看到那些被人遗忘的角落的领导者。当我们面对一个被黑暗遮住的未来时，所幸能有《勇气之路》这样一本书为那些带有道义的领导者提供支持与指引。

——玛格丽特·惠特利 (Margaret Wheatley)

《领导力与新科学》《简单之道》《我们选择成为什么样的人》作者

这本书并没有咋咋呼呼地宣称能帮读者改变人生，这反倒恰恰让我们相信它很可能会给我们带来人生的改变。书中字里行间所写的，都在告诉人们如何活出“真我”。在这个喧嚣的世界中，再也没有比这更重要的了。

——考特妮·马丁（Courtney Martin）

《新路人类》作者

《勇气之路》带来的甘霖教会我们，如何现身于人前，又如何与人在真正的相互关系中相处。书中那些领导者亲身经历的故事告诉我们，具有整合性的宗旨使命、能滋养人性的社群，是推动变革的强大动力。

——亚伦·赫斯特 (Aaron Hurst)

《觉醒经济》作者，美国《快公司》杂志撰稿人，美国“立切”咨询公司及“主根基金会”创始人

领导者要做到里外合一、富有同理心，就需要眼明心亮、能看到并与身上最深处的自我相通。然而，引领他人或一项事业，其中的艰巨和投入，又会给领导者带来一种隔绝感、耗竭感，甚至还会令其远离上述所说与最深处自我的那种相通感。欢迎大家步入《勇气之路》，让书中的这些工具、故事、思路使自己更加眼明心亮，打磨自己在领导过程中所需的勇气、善意、幽默和正气。谢利·弗朗西斯带着智慧和优雅在书中为我们阐释了帕克·帕尔默所创立的理念框架。

——卡拉·麦克拉伦（Karla McLaren）

美国教育学硕士，《情绪的语言》《共情的能力》作者

在当今这个纷扰的世界，领导者需要时时自省，自己该站在道义的哪一边，去投身于自己所珍视和所捍卫的东西。我在医疗卫生行业得到的结论是，优质服务的秘诀在于“爱”，而对公共政策、公共行为展现出的“爱”，体现为一种“正义”。《勇气之路》中的故事告诉我们，领导者的心如何不偏离道义和勇气的指针；告诉我们，只有发端于人内在的身心完整与内在的情愫，才能聚集多人有所创造。

——唐纳德·贝里克（Donald Berwick）

美国医疗卫生改革机构医疗主任、名誉主席及资深研究员，医保服务中心前行政管理人员

从坊间大众的街谈巷议中，可以听出大家对领导层信任的缺失、对领导者是否还正直的犹疑。在这样一个背景下，谢利·弗朗西斯为我们呈现了一条新生之路。她在书中分享了关于如何在日常行动中培养勇气的洞见。领导者如果想要迈向“真实领导力”，可以将书中的这些洞见作为指南。在今天这个时代，这是领导者的一本必读书。

——克里斯·拉兹洛 (Chris Laszlo)

博士，美国凯斯西储大学教授，与朱迪·索伦·布朗合著《欣欣向荣的企业》

《勇气之路》对我们的滋养，会让我们想去深切地关爱这个世界。书中提供的思路可以帮助我们统驭内在的力量，从生活的方方面面帮助我们成为现在这个时代所需的领导者。

——乔诺·费希尔（Jono Fisher）

"醒来项目"创始人

人人都应该读读这本书，《勇气之路》是面对当今时代挑战的一剂良药。将本书放在手边时时翻阅，总能让人一次次地欣赏到那种给人带来生机的美妙乐章。

——格洛丽亚·伯吉斯（Gloria Burgess），

博士，著名学者，变革型领导力方向的教授，《敢把灵魂示以人》《传承》《无瑕领导力》作者

《勇气之路》扩展了人们关于"勇气"的概念，将勇气的多种呈现方式带到我们眼前。无论是身体之勇、道义之勇、社交之勇还是创生之勇，都在我们每个人心中播下了种子。谢利·弗朗西斯通过书中那些动人肺腑的故事，让我们觉得像"勇气"这样的英雄气质不再难以理解、不再遥不可及。无论什么时候，像这样的书都是极为重要的，但对当下这个时代的意义尤重。这本书为我们把"勇气"照亮，让我们相信有一条可以继续走下去的路。

——比利·肖尔（Billy Shore）

美国非营利组织"会聚的力量"创始人及首席执行官，《内在的教堂》《不可理喻者的想象》作者

对各个层级的领导者来说，这都是一本重要的书。这本书让我们相信，领导者和组织可以成为向善的力量。这一点让我深受鼓舞。《勇气之路》分享的许多工具、思考和指导原则都是经得起时间检验的，值得每位领导者学习借鉴，以此来推动更多的领导者和组织坚

守道义和正直，把“人”放在中心，走向生生不息。

——里查德·戴维森（Richard Davidson）

美国威斯康星大学麦迪逊分校“健康头脑中心”创始人，与丹尼尔·戈尔曼合著《新情商》

如果没有勇气，幸福也就无从谈起。可时至今日，关于勇气这样的美德从何而来却鲜有人论及。《勇气之路》填补了这个空白，给我们带来了鼓舞和激励。

——安德烈娅·波拉德（Andrea Polard）

心理学博士，“禅宗心理治疗中心”创始人，《幸福合一论》作者

如果能再勇敢一些，你会怎么做呢？有些人，强烈地想要遵从自己内在最真的价值观、信念、理想而活。《勇气之路》能让这份坚持柔中带刚，柔的是温情的做法，刚的是坚定的前行。谢利·弗朗西斯以及勇气与新生中心带着我们每一个人进入了一种新的存在方式中。

——杰里·科洛纳（Jerry Colonna）

“重新开机”教练咨询公司联合创始人及首席运营官

这是一本营养丰富、洞见深远、情真意切的书，在翻译此书的过程中，我作为译者得到了很多人性层面的滋养。将译稿交付之前，我掩卷回顾，眼前浮现的是书中一段段明媚幽深的妙笔之语、一个个内外兼修的知识点、一条条语重心长的实践格言、一句句鞭辟入里的精彩引语、一个个活灵活现的人物形象以及一篇篇感人肺腑的真实故事。我想大抵可通过对本书的“知识结构”“实践运用”“编排体例”这三方面的梳理，来帮助读者阅读和使用这本书。

一、本书的知识结构

中国古语说“才、学、胆、识，胆为先”，这里的“胆”便是本书所说的勇气。西方也有思想家说过，勇气是其他美德的基础。勇气是很多品德的前提与基础，也是最能在人与人之间传递的正能量。本书系统地梳理了有关理解和践行“勇气”的方方面面。要系统地从框架上把握本书涉及的与勇气相关的知识点，可从“内外兼修”和“独而成群”这两个关键词入手，前者代表个体视角，后者代表群体视角。

“内外兼修”中的“内”和“外”是个体修炼勇气的两个着眼点（在读到书中关键部分时还会发现，“内”“外”实为一体）。“内”是指个人的内观和向内探寻，这是勇气的源流出处，也是人稳定的内核，这部分是内观与内修的部分，是勇气的根基所在；“外”是外在的行为表现，是指面对现实的外部世界人如何产生既忠于自己又合乎于外在的里外合一的言行，尤其是当二者发生冲突时，这部分修炼既需要智慧，也需要书中所提到的“涵泳张力”的能力与韧性。更重要的一点，还需将“内”和“外”合二为一，达到内即是外、外即是内的状态，书中用“莫比乌斯带”来形象地说明这一点。

本书从“内外兼修”的个体视角构筑的知识体系包括：领导者的内在功课（第 2 章）、遇见真我（第 3 章）、关爱真我的勇气（第 6 章）、回应召唤的勇气（第 7 章）、涵泳张力、以现生机的勇气（第 9 章）、做出智慧抉择的勇气（第 10 章）。

再一个关键词是“独而成群”。这是本书所脱胎的机构“勇气与新生中心”创造出来的一个概念性表达，意为让人既要保持自己的独立性、独特性的存在与思考，又要走向多元多样的社会群体（书中常称之为“社群”），通过群体来给自己探索前行之路以支持、反照、回应，个体得到群体滋养的同时也要成为他人探索前行的条件和辅助。

在“独而成群”的概念之下，本书的重中之重是介绍构建这种社群所需要的准则，称为“信任圆圈准则”。信任圆圈准则是勇气与新生中心各类培训项目、工作坊在群体互动时的核心要件。当需要在一个群体中构建充分互信、极为安全的场域时，便需要完全恪守信任圆圈准则，它指向人与人之间在一个群体中相处时可以达到的最佳状态。

本书从“独而成群”的群体视角构筑的知识体系包括：信任圆圈准则（第 1 章）、走向社群（第 2 章）、营建关系型信任（第 4 章）、在群体中进行自我反思（第 5 章）、在群体中进行开放而真诚的倾听与提问（第 8 章）、在群体中涵泳张力与化解冲突（第 9 章）、乐见群体中多元的个体并以真诚相邀（第 11 章）、对一个群体做出去留抉择时的勇气（第 12 章）。

“个体”视角的知识体系和“群体”视角的知识体系两条线交织，

构成了本书呈现的有关“勇气”的完整理念框架。

二、本书的实践运用

本书所说的“勇气之路”其实是一条践行之路，而非只是理论之道。勇气是通过行为得以彰显的，本书更是一本实践之书。书中最核心的11条“信任圆圈准则”全都是实践准则：关于个人内在功课的部分，可供读者在个体层面进行内在探寻实践之用；关于构建信任社群的部分，可供社群作为其成员彼此互动时的参考原则。

从企业或组织管理的角度，也能从两条线上来看与本书相关的实践：一条是如何在企业或组织机构中做一名富有勇气的领导者，另一条是如何在企业或组织机构的群体互动中构建信任。

关于第一条，在当今组织走向扁平化、去层级化的趋势下，组织中的每个人都有可能成为某件事、某个具体项目的领导者，“领导者”一词不再是职位领导者的意思，而是任何需要站出来引领、协调一个群体去完成某个事项或目标的一个角色。从广义上讲，组织中人人都可能成为领导者，这便是本书关于“领导者”及“领导力”的出发点。在这样的背景下，人人都需要带着勇气和觉知去引领他人。如何历练自己的勇气，在需要站出来的时候敢于站出来，在需要自己做出抉择时敢于做出决定，在需要自己搭台子构建空间时去建构，这些都可以通过本书获得一些真知灼见和实践的入口。

关于第二条，在组织中营建信任度极高的群体，这往往发生在企业或组织需要进行某种挑战度极高的活动时——或是进行话题极为敏感的对话，或是处理极为情绪化的冲突，或是要做最为颠覆性的创新，或是要展望最能鼓舞人的战略，等等。进行这类活动时对于群体信任感的要求是极高的，如何构建这种极高信任度的群体，本书提出了“信任圆圈准则”，除了在第1章做了系统性的介绍，这些准则还反复出现在各章节的故事细节中，以体现其在实际场景中的运用。组织或企业进行上述这类对信任度要求很高的活动时，可以之为参考。

这里需要特别指出的是，对于企业或组织，如果需要通过一些流程引导、帮助群体走到人性深处、触碰人灵魂深处时，运用本书提到的“信任圆圈法”（Circle of Trust），最好是请经过专业训练并对本书“信任圆圈法”实践体系有完整认识和把握的引导师来进行。作者在书中也建议，只有被他们中心认证过的引导师，才能称自己所用的方法为“信任圆圈法”。这背后的原因是，这些触及人灵魂深处的群体引导流程，往往对引导者和引导流程的设计及把持有非常专业的要求，一旦运用不当或理解有偏差，不仅不能构建信任，可能还会给群体及群体中的个体造成伤害。在实践本书这部分内容且需要走向极深内在的群体活动或话题相当敏感时，建议考虑请专业人士支持。

三、本书的编排体例

最后来说一说本书的编排体例，以便提高读者阅读时的有效性。本书每个章节都是从一个具体的故事来引发对该章节主要知识点、实践点的探讨的。这些故事的主人公都曾参加过勇气与新生中心的“勇气之路”模块培训或工作坊。因为参与过，所以他们在表达中会提到很多专业术语，而本书作者又大量引用原文原话，因此某些专业术语虽然要在后面章节才介绍，却在前面章节通过某位故事主人公之口提前提及。遇到这种情况，读者可从本译者序的结尾部分的术语列表查阅，知道该术语后文还将有详细介绍即可。

书中故事丰富多彩，人物背景多元多样，所来自的组织既有营利组织，也有非营利组织，遍布各行各业，故事主人公遇到的问题也较有代表性，相信能为各行各业、不同组织机构中的读者带来参考或启发。这些故事增加了本书的趣味性，其真情流露得纤细自然，将深刻的智慧、原则有血有肉地展现出来，便于读者深度把握。

在各章的每个小节之前，一般还会有一段与本小节内容密切相关的引言，或开启该小节的主要观点，或引发人在新视角上思考，或总领该小节的精华所在。由于截取的是一小段话，加之很多引语在原文中采用了特殊的表达方式，译者虽已尽量照顾中文读者的理解习惯并在必要时于译者注中提供了相关的背景信息，但鉴于译文需尽量忠于原文的表达口吻，且引语缺乏完整的上下文，若读者感觉对一些引语不好理解，可先往后读完该小节或整个章节，再回过头来回味这一引语，从而能把握其精髓并体会其语言上的美感。关于引语出处的人物背景，其中可能对读者理解全书有影响或有帮助的，译者在译者注中提供了注释。

此外，为了体现“勇气之路”理念体系中的“诗意唤醒”原理和“第三物件”的做法，全书还多处引用了诗歌或诗句，作者是想通过这些诗歌或诗句来帮助读者更好地把握并升华书中的一些原理，同时这些引用的诗歌也为本书的文字及相应的章节增加了不少灵秀之气，给读者带来阅读的享受。在部分章节中，当诗歌的内容与理解本书要讲述的道理密切关联时，为了方便读者，译者会在必要时在译者注中提供较为翔实的背景信息或诗句的上下文。但限于篇幅，译者注中无法全文呈现整首诗歌，建议读者在阅读时，可根据译者在译者注中提供的诗歌译名找到有中文译文的全诗做通篇理解，再回到本书相应的部分去阅读，往往可以起到更深刻把握本书的阅读效果。

鉴于本书是对勇气与新生中心近 30 年来的一些较为成形的“勇气”原理及实践的梳理总结，涉及很多约定俗成的说法，译者在翻译的过程中将全书多次出现的术语都做了前后统一的翻译，现将较重要的术语列于下文，方便读者辨识（具体释义在本书正文中均有提及）。

全书常用术语一览：

里外合一	integrity
落差之殇	tragic gap
独而成群	solitude alone together
探询式群体	community of inquiry
将“心之所往”和“身之所从”重归一处	rejoining soul and role
固本强基	fortify
信任圆圈法	Circle of Trust（首字母大写）
信任圆圈	circle of trust（首字母小写）
信任圆圈准则	touchstones
关系型信任	relational trust
成长心态	growth mindset
关爱真我	care for true self
人生事业	vocation
涵泳张力	holding tension
开放、真诚地提问	ask open， honest questions
心灵的习惯	Habits of the Heart

本书旁征博引，涉及的人物、诗歌作品、书籍作品、背景事件等较为丰富，加之本书介绍的勇气模块也自成体系，在翻译过程中译者虽借助大量资料的查阅、比对，甚至与原作者的沟通等，但译者知识有限，加之很多信息存在时效性，仍免不了有纰漏错误之处，敬请读者不吝指正。

愿本书能帮助读者打开步入勇气之路的大门。

骆骏（Laurence Luo）

联系邮箱：cameed@hotmail.com

2023 年 1 月于杭州

致中国读者

我在勇气与新生中心工作的那段时间里，主要职责是负责收集一些动人心弦的故事，其中最令我印象深刻的故事发生在一群中学生身上。

有个学校的老师邀请勇气与新生中心的引导师去教学生一些“信任圆圈法”的具体实践，作为他们“制止校园欺凌”项目中的一个组成部分，然后让八年级学生（14 岁左右）把“信任圆圈准则”中的内容教给低年级的其他同学（12 岁左右）。恰好这些学生在学校的课堂上学到“乌托邦社会”和“反乌托邦社会”[①]两个社会概念的区别，学习之后学生们得出结论认为，乌托邦社会是不太可能实现的。可在学习并实践了信任圆圈准则的几个月之后，有个学生说出了这样的话：“如果我们都按信任圆圈准则行事，乌托邦就是有可能的。”

最近几天我翻看了弗雷德里克 · 莱卢《重塑组织》一书的最后一部分，其中也提到了勇气与新生中心，作者在最后这样写道：

① 这里“乌托邦”（utopia）一词是指人类思想意识中最美好的社会，一个人人平等、没有压迫、像世外桃源一般的存在，注意此处并没有用其在汉语当中的“不切实际”这个引申义，而是单指最美好的社会的意思。“反乌托邦”（dystopia）是“乌托邦”的反义语，希腊语字面意思是“不好的地方”（not-good place），指一种不得人心、令人恐惧的假想社群或假想社会，是一种极端恶劣的社会最终形态，与“乌托邦”的理想社会相反。反乌托邦常常表现为反人类、极权政府、生态灾难或其他社会性的灾难性衰败。这个概念出现在许多艺术作品中（特别是设定在未来的故事），以此提醒人们注意现实世界中的有关环境、政治、经济、宗教、心理学、道德伦理、科学技术方面的问题，告诫人们如果这些问题被忽略，就有可能导致出现反乌托邦的状况。——译者注

我们在这里呈现的是一个可以被实践和传播的现实，而不是某个理论模型或乌托邦式[①]的想法……这是一个非同寻常的时代，有时候我都迫不及待地想看到未来会发生什么。借用惠特利与凯尔纳-罗杰斯的话，我只是好奇：在这个世界上，倘若我们可以展现出完整的人性，那我们将有能力做些什么？

我在写《勇气之路》的过程中，采访了很多领导者。他们身上展现出的“完整的人性”，里外合一、身心完整，给我留下了深刻的印象。从他们那真心实意的娓娓道来中透露出的，是一种谦卑、希望和真实，而这在短短一小时的两人谈话中是难能可贵的。这也说明，如果人按照信任圆圈准则来要求自己，经过一段时间后，就会对自己、对他人、对整个人生都抱有更多的信任，而这样的信任正是人展现勇气的前提条件。正是这样的领导者，在商业、教育、非营利、医疗卫生、政府等机构和领域中，重塑着那些已过时的运作模式；正是他们，在推动着人力资源、自主管理、目标设定、使命探寻等方面新型模式的发展——无论他们是不是听过“青色组织”[②]这样的概念，他们都在共同创造着人类下一个阶段的组织形态。

我有幸结识了将《勇气之路》这本书译成中文献给中国读者的译者骆骏（Laurence Luo）。我们互通邮件，就书中一些细节来回研讨，然后成了彼此交心的熟人。这个彼此熟识的过程兴许也是个展现勇气的过程——似乎是代表着两个不同文化的大使在握手。大家

① 注意，此处“乌托邦”一词用的是中文里“不切实际”的引申义，与前文该词所表达的意思不同。——译者注

② “青色组织”（Teal Organization）是由《重塑组织》一书的作者弗雷德里克·莱卢在该书中首次根据先行者实践总结并提出的一种新型的人类组织运作哲学和运作理念，其主要特征是将组织作为一种自身具备使命与意义的有机体来看待，组织中的伙伴以身心完整的状态彼此协作共事，呈现出一种无需层级架构和管理者控制的，具有灵活应变能力、会自适应与自调控的自主管理的状态。

后面会在书中读到“涵泳张力、以现生机”的相关实践。我希望能看到有越来越多的领导者树立起对他人的信任，于张力间涵泳，跨越人与人之间的种种不同，走出一条关于觉知、关于教学、关于治愈、关于引领、关于生命的新路。

想要将异于自己文化的概念通过妥帖的中文表达出来，是需要勇气和耐心的，也需要创造力。据我所知，本书中文版译者对原版书中的每一个词都认真推敲，就是为了确保原意的表达没有偏漏。也正是因为他如此严谨的治学态度，我们才在更深层面上熟识了彼此。

如今，越来越多的领导者都在努力提升自我，以便为更多的人谋求福祉。希望《勇气之路》能为中国的读者们开启新知新事，使你们与在地球另一边的领导者心意相通。此刻我想引用帕克·帕尔默在《治愈民主之心》一书中（读者可在《勇气之路》第10章里读到与之相关的故事）的这句话来表达我的感受：我相信“我们同在一条船上”。

关于勇气，愿各位需之时能得，有之时能予。

谨致以诚挚祝福！

谢利·弗朗西斯

于美国科罗拉多州大章克申市

2023年4月

推荐序

帕克·帕尔默（Parker J. Palmer）

20世纪90年代早期，在费策尔研究所（Fetzer Institute）的鼎力资助下，我种下了一粒种子，它成长为后来的勇气与新生中心[①]（Center for Courage & Renewal）。该中心另两位联合创始人马西·杰克逊（Marcy Jackson）和里克·杰克逊（Rick Jackson）既是我的朋友，也是我在这里的同事。在他们睿智而富有远见、脚踏实地的领导之下，这粒种子长得很快。

我们创立这项事业的初衷在于，想让领导者都能更具完整性地彰显人性、里外合一，在工作和生活中的每一处都更加身心完整地将自己呈现出来。换言之，我们所做的是想帮助领导者将“心之所往”和“身之所从”重归一处（rejoin soul and role），从而让他们在自己的事业中、在职场上、在一个更大的世界中找到推动变革的支点。很多伟大的社会变革业已证明，领导了这些伟大变革的人，无论他们是否拥有职位上的权力，都是通过撼动人的心灵——或称之为人格、人的完整性才得以推动世界向前进的，这才是世界前进的阿基

① 勇气与新生中心，也译作“勇气更新中心”，是美国一家专注于通过滋养人深层的完整性以及人与人之间的关系型信任来培养人的勇气、让人重获新生的培训和咨询机构。该中心开发了以“信任圆圈法”为基础的培训课程和退思会，用以帮助个人、组织、领导者获得焕新的宗旨和使命感、可信赖的关系以及应对当今挑战的勇气，以此来让他们、他们的工作乃至这个世界有所不同。本书中所提及的很多案例及故事的主人公，或是曾经参与过该中心的培训课程，或是曾与该中心有联系。——译者注

米德支点[①]。

当年我在费策尔研究所的帮助下播下种子时，未曾料到我们中心到2018年时，可以长成现在这个样子。

- 我们在美国、澳大利亚、加拿大、拉丁美洲、英国、西班牙等地共计培养了300名引导师，我们在韩国也有合作的引导师。
- 我们开设的各类“勇气”与“新生”培训班达数千次。
- 各行各业的数以万计的领导者通过参加我们的培训收获了生活和工作中的重大转变。
- 因为有了这些发生重大转变的领导者，数十万个人和组织机构受益。

我也从未料到有朝一日，我的好友谢利·弗朗西斯——这位与我共事五年的得力同事会写下这本《勇气之路：有效引领组织，活出真实人生》。她是我们中心的市场及联络部主任，也是我们中心的“首席故事采风人”，她一路采集的故事也一路帮助我们去领会我们在做着怎样的事业、为何而做，也让其他人能听到我们的故事。

谢利是我们中心最合适来写有关“勇气”模块内容的人，她手里有很多关于一些领导者是如何通过我们中心的“勇气之路”发生了巨大转变的故事。“勇气之路”中的内容拥有改造人的巨大力量，大家手里拿着的这本书便是例证。

1980年我出版了自己的第一本书，从那时起我就决定要为书中的理念装上“行动的车轮”，不想书中的理念只是被动地停留在纸面

---

① 古希腊科学家阿基米德发现了杠杆原理后曾说：“给我一个支点，我就能撬动地球。”因此，“阿基米德支点”(Archimedean point) 也常用来指一个能够带来巨大推动力或作用力的关键点。——译者注

上等人来读，况且读了书的人当中也可能只有很小一部分人才会去实践。所以我想把这些文字转化成诸如工作坊、退思会①、培训课程等这样的载体，让人们可以通过这些形式来发掘自己内在的才智之源，获得群体支持，以实现个人和集体的目标。

得益于中心同事以及其他支持人士的贡献，这也正是我们中心在过去 25 年中所做的事，中心所做的这些事不只贯彻了我的一些理念，也包括其他很多后来加入中心并致力于勇气与新生事业的人提出的理念。

教育、健康、商业、非营利事业、慈善事业、宗教，各行各业的领导者都接受过我们“勇气之路”中所包含的理论和实践的滋养。在一些安全感不高的组织中，要里外合一地将自己呈现出来，将自己的“心之所往”和“身之所从”重归一处，是很需要“勇气”的。而一旦有了这样的勇气，人就能走向更加完整的人生，工作也能更加走向深处，给他人提供的贡献也将更大，无论是从大处还是小处来看，都将让世界变得更美好。

大家会在书中发现，勇气的修炼有很多方式，依具体情形而定。但无论什么形式，其根基都是我们称为“信任圆圈法”的一些原则和做法，这些原则可以为人在社群中进行内在功课的修炼创造条件。事实证明，谢利在书中如数家珍、娓娓道来的这些原则与要素拥有着直击和转变领导者及其所做工作的力量。

如果有人问我要一个能马上脱口而出的实例，我会想起数年前我所引导的一个医师群体——24 个人都是领导者，当时正在接受住院医师培训。我们在一个大组中一起讨论一首诗的时候，有一个人

---

① “退思会”（retreat）是现今各种组织常用的一种回顾与反思的会议或工作坊形式，一般做法是暂时从日常所忙碌的事务中跳脱出来，以新的理念框架换个视角来反思回顾一直所从事的事情，讨论一些与组织宏观层面及未来战略方向相关的话题，并特意安排一些时间让工作伙伴一起共度，从而提高合作默契度，通常安排在一个让人远离原有环境和氛围的处所进行。——译者注

说道:“在现在的医疗体制中工作，我觉得我常会行走在不得不违背《希波克拉底誓言》[①]的边缘，而且这种情况一周就有好几次。”

“勇气之路”的要件之一是深度聆听，因此当时并没有谁跳出来针对这个人的话给予回应，而是静静地让他听取更内心的声音。在这片沉静之中，他再次开口说道:“知道吗？这是我有生第一次对同行说出这样的话。”在一片更大的沉静之中，他又开口了，声音越发肃穆:“其实这也是我有生第一次对自己说出这样的话。”

听到这里，我知道我正见证着一位领导者在经历他个人和职业层面一个“何去何从”的时刻。他内在有个真诚的声音，无可辩驳、挥之不去，他听到了。如果要找一位“专家”来挑他们工作体制的毛病并且由专家来告诉他的话，他可能也会觉得无可辩驳、挥之不去。但是，现在这话是从他自己身上的“内心之师”（inner teacher）那里听到的，也正因如此才让他走到了这个“何去何从”的节点：是要对自己的这个声音置若罔闻、眼不见心不烦，还是听从它，去把工作场所变成一个恪守而不是违背《希波克拉底誓言》的所在？

“勇气之路”的确帮助这位医师找到了作为一名领导者的勇气，回到工作岗位后，他找来与自己有着同样感受的同事，大家一起花几个月时间创建了一个机制，允许人们在不必担心受到惩罚的情况下报告医疗差错，他们向“让医院不再‘伤人’”的体制迈出了一大步。

我希望通过这个故事能让大家理解我之前所说的话，“勇气之路”触碰的不只是领导者本人，还会触碰到他们的工作场所以及他们所服务的人群。现在有了这本书，大家不必到我们勇气与新生中心来

①《希波克拉底誓言》总共有500多个字（按中文计），在西方，医学学生在入学的第一课就要学习并正式宣誓，这个简短而洗练的誓言向世人公示了四条戒律：对知识传授者心存感激；为服务对象谋利益，做自己有能力做的事；绝不利用职业便利做缺德乃至违法的事情；严格保守秘密，尊重个人隐私、谨护商业秘密。它产生的影响非常深远，可以说现代医学界的人没有不知道《希波克拉底誓言》的。其他职业从业者，如律师、证券商、会计师、审计师、评估师、推销员等，也会拿《希波克拉底誓言》作为行业道德的要求。这个誓言是人类历史上影响力最大的文件之一。——译者注

参加培训就可以发生这样的触碰。为此，谢利做出了卓尔不凡的贡献，将我们培训课程背后所体现的原理和做法在书中一一道来，其中的理念编排严整、各色领导角色下的真人真事栩栩如生，书中还说明了这些原理和做法的来龙去脉，以及如何在日常工作中把它们运用于个体和群体。

在大家阅读谢利的文字之前我最后再说一点，我们所进行的“勇气之路”还秉持这样一个重要理念：无论领导者为其重要工作投入了多少心血和勇气，他们所做的事都将是条永无止境之路。在眼前严酷的现实和我们不时可以见到的更好的可能性之间，一直会有一个差距存在，人都将永远面对这个“落差之殇”（tragic gap）。

勇气之路的功课之一就是要学会去“立”在这个“落差之殇”当中，也就是说，我们要和一直以来我们文化中所定义的“追求成效”的思路作斗争。一直以来，主流文化都认为如果想要做的事有意义，那就必须看有没有成效，所谓“赢并非一切，而是唯一”[①]。

诚然，我们都想要让所做的事有结果，正因此我们才投入了那么多时间和精力，可如果把“成效”当作唯一标准，那么人在离世时都将只剩下绝望，因而也就不可能在生前全情地投入。试想一下有这样一位“勇敢”人物，他将毕生都献给了“爱”“真理”“正义”这些崇高的事业，再想想看这样的人物在辞世时是否可能说“我很高兴自己选择了这样的事业，因为这个事业已被我完成了，世上的其他人永远都无须再从事这样的事业了”，这样的话想想就知道不可能。

为了在这种永无止境的重大事业上砥砺前行，需要有一个能取

① “赢并非一切，而是唯一”（Winning isn’t everything; it’s the only thing!）是西方体育领域里流传的一句名言，最早是由美国加州大学洛杉矶分校棕熊队橄榄球教练亨利·罗素·桑德斯提出，意为要把专注力放在如何赢得比赛上。后来这句话也被用在商业、投资领域，表示的意思是，在火药味浓重的商场中，“赢”是最大的事。——译者注

代“成效”的标准,不只取代,还要超越。我想这样的标准可以是“忠坚”,忠实于自身的最佳天赋,坚守于身边人的需要,忠坚于我们的天赋可能会在某些方面满足他人需要,这便是对我们这一生是否好好活过、好好工作过的终极度量了。领导者需要忠坚不渝地立在“落差之殇”中,行动于其间,日复一日地积跬步而行,让信任、完整、真诚在组织中畅行。为了让这个世界更好,我们需要许许多多走在这样漫漫长路上的领导者。

本书为这样的领导者而写。书中有指导、有启发,也有实践。欢迎大家打开这本书。

来自本书字里行间的声音

我所做的就是让要想表达的意思完全流露于作品本身，让表达出的意思鲜活灵动，我想这也是一个好的社群中，一个人艺术地与他人对话的方式——在条理清晰的同时，也在言语之外留有空白和余地，使更深刻的真理和观念得以在他人脑海中浮现。

——厄休拉·勒古恩[①]（Ursula K. Le Guin）

你邂逅了眼前的这本书，这本书也邂逅了你。关于勇气、关于里外合一地活出人生，针对这样的话题，相较于此刻你的生活状态，你有什么样的感觉？

我写的这本书，是经由另外两本书来与我“邂逅”的。第一本《与自己的生命对话》（*Let Your Life Speak*）是2002年时一位女性写

① 厄休拉·勒古恩（1929—2018），美国重要的科幻、奇幻、女性主义与青少年儿童文学作家，著有20余部小说以及诗集、散文集、游记、文学评论和多本童书，她深受老子和人类学影响，作品常蕴含道家思想，并与人合译《道德经》，所获文学奖与荣誉众多。——译者注

作班的负责人介绍给我的，作者就是帕克·帕尔默。当时的我照顾癌症患者就快累垮了，书中“自我关爱绝非私举”这句话让我得以喘息。10 年后，还是这位负责人——同时也是我的老师、朋友告诉我她在帕克的“脸书”（Facebook）上看到他的一家非营利性机构勇气与新生中心正在招人，于是我就应聘并得到了这份工作！

又过了几年，有一天我在一家二手书店买书，书架上一本罗洛·梅[①]（Rollo May）写的《创造的勇气》（*The Courage to Create*）跃入我的眼帘。书的封面上写有这样一行副标题：“如何获得创生之勇。”“创造”一直是我骨子里的东西，何况它还曾救过我一命，而当我看到“创造”和“勇气”两词并提时，我内心升腾起一种心驰神往的感觉，觉得一定要把这本书带回家。

之所以说大家现在读的这本书与我之间也是一种“邂逅”，是因为这本书是自然生发出来的，无非是经我之手成文而已。起初，我只是把这本书的写作当成是我们中心的宗旨在进化过程中的一个自然延伸，通过这本书来总结：我们中心有关变革的理论是什么？在挑战不断的时代，我们要如何武装、启迪、支持领导者？当领导者将“心之所往”和“身之所从”重归一处时，能否更能帮他们找到工作的意义？他们内在的力量能否帮助他们去打造产品或服务，为组织、员工以及所服务的顾客与客户带去不同？虽说我们知道在让领导者获取勇气的过程中，我们中心所做的不过是提供一些养分，可我们还是在他们的故事中看到了由此荡开的涟漪。于是，我便想要更深入地去挖掘。

我开始对参加过我们培训课程的形形色色的人进行采访，了解他们是如何将“勇气与新生”的理念运用到他们生活和领寻的行为

---

① 罗洛·梅（1909—1994），美国存在心理学之父，人本主义心理学的杰出代表，著述颇丰。他于 20 世纪中叶把欧洲的存在主义哲学和心理学思想介绍到美国，开创了美国的存在分析学和存在心理治疗，推动了美国人本主义心理学的发展，也拓展了心理治疗的方法和手段。——译者注

中去的，他们在这个过程中又新发现了哪些洞见。我一共采访了120多位人物，每次一小时的采访有时是一对一，有时是群体采访。我想了解他们一直都在实践哪些与“勇气”相关的原则和做法，其中哪些容易做、哪些发生了调整、哪些又产生了更好的做法。

我将他们的故事编织起来，这些故事背后所铺陈的，正是帕克·帕尔默出过的9本书[①]中所透露出的智慧，以及我们中心25年来与领导者一起在学习的东西。对我来说，现在帕克已不仅仅是写在书封面上的著者，他也是我的同事、朋友，他对我来说也是一位平常人、一位长者。我了解他、喜欢他。帕克书中的这些理念，被很多人体会、践行，能认识这些人是我的荣幸，但对于如何绘就这幅全景图我深感任务艰巨。

我是中心的市场及联络部主任，在写作过程中，我也会在日常工作中、在自己的思想里、在内心里、在生活中去玩味这些做法，我自己也曾经历许多这些“案例”时刻。在写作本书的三年中，我经历了我们这家非营利组织的一些自然的发展变化：中心总干事退休了需要寻找其继任者、中心的员工及理事会几乎全员换血、我们培养的引导师数量翻番；此外，还经历了美国国家领导人选举、美国的政治极化[②]、持续不断的战争、穷途末路的难民的出现、枪支和毒品的泛滥、无家可归者的流离失所、太多的自杀和天灾人祸，以及发生在西雅图的两次突破历史极值的冬季降水。这些表象、这些

---

① 这里提到的9本书是指《与自己的生命对话》（*Let Your Life Speak*，此处书名为正式中译本书名）、《教学勇气：漫步教师心灵》（*The Courage to Teach*，此处书名为正式中译本书名）、《隐藏的整全》（*A Hidden Wholeness*，暂无简体中译本出版，此处书名为中国香港出版的繁体中文版书名），以及以下暂无中译本出版的6本书（以下书名为本书译者暂译，仅供参考）：《治愈民主之心》（*Healing the Heart of Democracy*）、《悖论的生机》（*The Promise of Paradox*）、《积极生活》（*The Active Life*）、《知己所被知》（*To Know as We Are Known*）、《以陌生人为伴》（*The Company of Strangers*）、《万事走到边缘》（*On the Brink of Everything*）。——译者注

② 政治极化（polarized politics），狭义的政治极化专指政党极化，广义的政治极化还包括精英极化、民众极化、意识形态极化等。——译者注

活生生的事例说明，如今这个世界的每一天、每一处，都更需要勇气。我在持续地关注，我们中心所做的事如何可以给我们、给他人在生活和工作中带去更多的勇气与信任。

虽然"以'我句式'[①] 来表达事实"是我们中心所倡导的准则之一，但是我将尽可能地不在本书中沾染我自己的观点，因为这本书并不是为我自己立个人传记，也并非我们中心的成长及变革史，书中所写都是我们学到的一些东西，是经由这些真挚的领导者发出来的声音来让我们学到的东西。

我们也并不想通过这本书鼓吹大家都来参加"勇气与新生"相关的培训课程，当然，对于想要参加的伙伴我们欢迎。我们不想夸口，说各位读到本书最后一页人生就将发生改变。书中提供的是精神食粮，以及其他已经先走在这条路上的人的故事。可以说本书的作用只是集各家之长，只是某一个节点的定格照，以此来开启更多的对话，书中我的叙述则只是陪伴在大家左右的声音而已。

思想这种东西，若非有人把它活出来，就只是纸上之物。要活出里外合一的人生，需要勇气，需要良伴，需要实践，也需要在留白处思索这样的问题。

如果能再勇敢一些，你会怎么做呢？

用勇气，为人师，引领人，服务人，疗愈人，仗义执言，挺身而出，内观于己，修正过失。

用勇气，言行一致，坚守立场，推波助澜，踏浪前行，全心全意，袒露脆弱，失而能爱，唯爱一生。

用勇气，说"我错了"，说"我不知道"，说"我们一起找出路"，让时间慢慢沉淀，寻找更好的解而非只求权宜之计，在结果未卜时

---

① "我句式"是一种非暴力沟通的表达方式，即以"我"字开头的句式，具体参见本书第1章"互动准则"小节中的译者注。——译者注

全身心地投入并让事情有所不同。

用勇气，带着睿智好好抉择，打破常规，与世俗相违，逆风而行，将人生之舟驶向真北，引领他人前行，对未来怀有希望并全然活于当下。

用勇气，当事情还在过程中时保有信任，让自己成为过程中的一部分，拥抱自己身上的阴影并将它作为自己的一部分，也拥抱自己的光彩和光亮。

好好了解自己，决定自己的能量何去何从，相信有可能，相信勇气的作用做时间的朋友，候水落石出。

用勇气，给自己时间去重获新生，把自己交给悲伤，为沉静留出一席之地，让疑惑衍生出其他可能，为这世界带去最好的你以及你的思想而不妥协。

用勇气，做身心完整的自己，好让自己做到最好，好让自己成为想要的变革，好让自己在值得的事业中做出最大的贡献。

用勇气，问问"我应该成为怎样的人"，以便做出什么样的贡献，好让这个世界上的所有人因之变得更好。

引领他人需要勇气，也能赋予他人勇气。

想有勇气，先要信任。

——谢利·弗朗西斯

目 录

为什么关注勇气

想让未来始于足下，就要纵身跃入未知，面对没有先例、没有多少人见过的情形，需要一些勇气。

——罗洛·梅

西格丽德·赖特（Sigrid Wright）没系安全带，她想，反正只开一小段路。12 月 19 日的那天，她把车停在办公室附近，正准备把公司晚会要用的一些物料卸下来。他们“社区环境理事会”（Community Environmental Council）的办公室就位于一个旧的奶制品农场里，矗立在圣塔芭芭拉[①]的平顶山上，位置正好俯瞰整个峡谷。

哪怕就加利福尼亚来说，这天也算得上是异常暖和了，阳光非常和煦。西格丽德在头脑里回想着当天早上她主持的新闻发布会，正当她在那条风刮得很猛烈的路上倒车时，车冲到了灌木丛里。她搞不清楚具体发生了什么，只好脚踩油门想要挣脱出来，可车却忽然飞快地从灌木丛里窜出，在悬崖上甩尾打转。

西格丽德的车翻了，冲到了一片灌木丛和毒漆树[②]丛中，翻滚了 30 多米后底朝天地撞到了一棵树上。这是这片山坡上唯一一棵可

① 美国加利福尼亚州的圣塔芭芭拉市是一座著名的海滨旅游城市，地处洛杉矶北 150 公里处，背靠圣塔耶兹山脉，面临太平洋。——译者注

② 毒漆树是一种有毒的植物，高 2 ~ 6 米，树干无毛，主要分布于北美东南部沼泽地区。——译者注

以拦住这辆车的大树，不然车还会继续往下再翻几十米。她吓坏了，人也落在了车的顶部，好在在玻璃碴和血泊中的她还保持清醒。她按响喇叭，好让同事们听到并打急救电话。“虽然头遭重创，我还是凭借着勇气，也许还有一些沉着，努力地让自己不失去意识。”

车还是启动的状态，西格丽德摇下电动车窗，跌了出来，然后又从那棵树上坠落，掉到毒漆树丛里。她开始往山上爬：“救护和消防人员后来是拉着绳索沿山势而下才找到我的。”

这是 2003 年的事，西格丽德花了几个月时间，外加更多的勇气，才得以康复。5 年后的 2008 年，股市崩塌和经济危机则又在考验她的另一种勇气。那年她和丈夫不得不低价卖了房，以保持资金的正常流转。与此同时，他们社区环境理事会得到的捐助也锐减了一半。这个理事会经过多年变革，走上了新的战略道路。作为理事会副总干事的她，现在成为为数不多的还留在这里的人员。不过，现在就连她自己也不清楚在这家机构里该如何发展下去了。1970 年，这家理事会因主办美国首届地球日活动出了名，在那以后，主要以智囊团身份做一些对严重环境问题的深度分析，并提供富有创意的实际解决方案。这种“智囊团”角色也是西格丽德自己的领导风格。

15 年来，一年一度的地球日活动一直由西格丽德操办，这是美国举国上下最大的活动之一，但这个活动并没有纳入社区环境理事会的使命中，也几乎得不到理事会的帮助。于是西格丽德想，是不是该把这个活动停掉，然后再看有什么机会让它新生？她进退两难，不知道自己所做的这些到底还有没有用。

“那段时间，我们理事会主席团中的人都换了一茬，管理团队的人也有变化。到 2008 年时，我内心已经做好了承担更大领导职责的准备，然而却不清楚要怎样做。

“虽说那时我在生活中已经拥有好多不错的东西，但是总的来说，我的世界却进退维谷、支离破碎，看不到前路。我脑海中浮现的景象是，我的大拇指一直在一个红色紧急按钮上犹豫着，似乎随时都准备说‘搞砸就搞砸，我不干了！不干了！’兴许在那时的经济大衰退中，我和很多人一样都在考虑一些重大的人生改变，找一份新工作，搬到另一个城市，开始一段新生活。

“那时的自己，想要好好地把自己呈现在他人面前都需要极大的坚韧和勇气，我得慢慢地一步步地去解开那个我自己解不开的戈尔迪之结[①]（Gordian knot）。我原以为‘勇气’是那种风萧萧兮般的舍弃，是为了追寻自己的生活而去奋斗的决绝，然而我却发现，坚守、缓步前行、从自己的现实出发，其实更需要人的勇气。”

勇气与新生中心正好在经济大衰退之后组织了一场培训，以帮助当地的非营利组织的领导者，好让他们能保有信心、继续前行。西格丽德参加了这次培训，那种在平等支持的氛围中让自己得到新生、有所反思的过程正是她所需要的。“我恰在这个当口遇到了这个培训，也因之继续留在非营利组织里工作。除了非营利组织，我不知道我还能去哪儿，我注定不会去做公务员，也不想去营利型组织，我注定是一个非营利组织工作者。”

西格丽德原以为勇气就是勇敢，是敢于冒险，敢于辞掉工作，敢于离开圣塔芭芭拉这个城市。但最终她发现，就她个人而言，勇气是在这种艰难时刻的坚守。

① 戈尔迪之结又称戈尔迪乌姆之结。据西方传说，在小亚细亚的北部城市戈尔迪乌姆的卫城上，有个宙斯神庙，里面有一辆献给宙斯的战车，在车轭和车辕之间用山茱萸绳结成了一个绳扣，要想解开简直比登天还难。据神谕说，能解开这个结的人将会成为亚细亚之王。几百年来，戈尔迪之结难住了世界上所有的智者和巧手工匠。亚历山大对这个传说很感兴趣，命人带他去看。看了之后他明白，若按正常途径是解不开的，他凝视绳结，猛然间拔出宝剑，手起剑落，绳结破碎。在场的人惊呆了，继而发出雷鸣般的欢呼声，齐声赞誉亚历山大是超凡的神人，亚历山大也最终成为“千古一帝”。英文中常用戈尔迪之结来比喻需要颠覆式解决之道才能化解的难题或棘手的事。——译者注

这是一个呼唤勇气的世界

“领导力”这个概念有时给人的感觉就好比是人被迫坠落悬崖（有时还是被推下去的），骨断皮伤却还要自己手脚并用地爬上来，在耗尽自己的边缘徘徊。领导者要在如此众多的挑战中迎难而上去引领他人，很需要勇气。在西格丽德获救和康复的故事中，“保持清醒和觉知”这一点很重要。这也是她在2008年的变故发生之后所需的一种领导力特质。

无论是今天的领导者，还是10年之后的领导者，他们所要面临的压力之巨大，都非比寻常。当今世界面临着文化、政治、技术、社会风气、经济等各方面的迅猛变迁，诗人威廉·斯塔福德①（William Stafford）的一句“醒着的人要时刻保持清醒”，就是在敦促我们每一个人严守自己真正的价值取向，并与人彼此相连。

当我们受某种召唤醒来，所要面对的世界可能并不是我们想面对的。假如就此觉得早知世界黑暗至此，还不如不要醒来，并由此导致人不信任彼此，不相信可以共同找到出路，这才是真正的危机。另外，我们甚至连什么叫作让这个世界“更好”，在定义上都还莫衷一是。这些问题重重叠叠，从哪儿着手都叫人犯难。

这就是我们需要富有勇气的领导者的原因，因为勇气是我们打开并走入现实之门的第一把钥匙。进一步地，如果想要与现实共处，不逃不跑、保持清醒地与之面对面，还需要更大的勇气。

VUCA世界所需的领导力

在一份2016年的中期报告《“想不到之事”：数字时代下的领导力要务》中，作者尼克·高英（Nik Gowing）和克里斯·兰登（Chris

① 威廉·斯塔福德（1914—1993），20世纪60年代美国诗坛的重要人物之一，先后出版了数十部诗集，一生获得了多项荣誉。后文引用的诗句出自他的“A Ritual To Read To Each Other”一诗。——译者注

Langdon）提道："大家都明显感觉到了不确定性的增加，面对突发情况，大家那种无能为力、管理乏善的感觉也在增加。"除了提到 2008 年经济危机，这份报告还把 2014 年称为"大觉醒"的一年：俄罗斯占领克里米亚、"伊斯兰国"占领摩苏尔、油价下跌 60%、埃博拉病毒爆发、网络攻击，以及给欧盟造成威胁的来自非洲、亚洲、中东的难民和移民问题。

人们用 VUCA 一词来形容现在这个动荡不安（Volatile）、飘忽不定（Uncertain）、纷繁不明（Complex）、模糊不清（Ambiguous）的世界，对那些"想不到之事"没人能未卜先知，就好像那句话说的："人不知道自己不知道。"不过这篇报告采访的领导者却认为，这些"想不到之事"其实都是一些大家不愿触碰的、让人不快的棘手的事情，大家是有意地避而不谈、视而不见，弯弯绕绕地不说出来。《"想不到之事"》报告中采访的一位银行业从业人员说："大家同一时间跌落悬崖，说明这种造成大家相互之间传染的东西，还不是传统意义上的经济或资金方面的东西，而是一种社会性因素。"用这篇报告作者的话来说："一场金融上的危机却揭露出了更深的东西——它反映的现象是，人们即使面对昭昭然已在眼前的现实，却任由自己矢口否认、视而不见。"有位 CEO 这么说："虽不知道这一切将会如何演变下去，但其实就是一种文化上的变革，需要大家都迈向更有勇气的状态，需要每个人里外合一、鼓足勇气。做生意的人都明白这一点，因为除非有面对失败的勇气，否则事情不会成功。"

超脱应激反应的领导力

如何在这个 VUCA 的世界中做好准备并持续发展？我们先来看看人在生物性的支配下、在条件反射下是如何应对的。

当人体在压力状态下或感受到危险时，人脑中更为原始的杏仁核便进入一种生存模式，以取代更进化的前额叶皮质来操纵人的行为。这时人只偏狭地盯着构成威胁的东西，却看不到更大的图景；只关注负面，却看不到积极的东西和其他可能；人的创造力让位于神经网络中已固化的惯性行为；以生存为目标的荷尔蒙在体内激荡，人的同理心和热忱都不见了，准备着要么战斗、要么逃跑、要么僵持；其他生理机能也阻滞了——哭不出来，肠胃的消化及排空机能受限，性冲动要么丧失、要么紊乱。在这种状态下人会呈现出各种应激反应[①]，产生或积极或消极的影响。

战斗反应（fight）：战斗反应消极的一面表现为对自己观点的据理力争、听不进他人观点；敌对性攻击行为；小心眼地相争，在高下之争中出现恶性不友好的味道，致使各人都落入深井庇护自己；放任自己内心的痛苦，对外肆意妄为，制造暴力和疼痛。积极一面可表现为为了权利和自由、为了一线生机、为了护卫他人而战；争斗行为在领导力上的积极作用还可表现在给他人以支撑、站起来面对暴虐欺凌的老板、在权势面前敢于说真话等。

逃跑反应（flight、flee）：这是一种逃跑行为，面对他人的爆发，或在对话、局面陷入僵持时，会因认定其中出现了危险因素而逃走，

---

① 人在压力之下或被外界的某种刺激惊吓之后，当刺激事件打破原有机体的平衡和负荷能力，超过个体的能力所及，就会触发大脑底部的杏仁核通过更原始的生物性本能反应来操纵人的行为。这种应激反应是不自主的，在短时间内释放出能影响整个身体的强大荷尔蒙，为采取快速的行动做准备。这时人的能量集中在四肢，大脑容易出现空白，理智对情绪的驾驭能力下降，这也导致人即使想也很难控制自己的行为。1929 年怀特·坎农将这种由肾上腺素引起的反应称为“战斗或逃跑”反应，这套机制能帮助人类的祖先在野外环境下更好地对抗敌人或逃脱敌害。表现在身体的反应上，是人被惊到后往往会不自觉地往后退了一下，甚至是跳一下（即“战斗”“逃跑”现象），或是直挺挺地愣住（即“僵持”现象）。这便是下文“战斗”“逃跑”“僵持”三个心理学名词的来源。谢利·泰勒则在此基础上提出，在面对应激反应时，不仅仅只有战斗、逃跑或对应激产生衰竭反应，也有可能彼此团结起来。她把它命名为“互助友好”理论，即认为在应激过程中，除了战斗或逃跑两种反应，人类可能还会通过建立社会联盟关系和抚养行为来应对应激，这种反应在既要保护自己也要保护后代的女性身上尤其常见。这便是下文另一个心理学名词“结群”的来源。——译者注

通常会引发一些后续负面情绪。如果对这样的行为反应置之不理，还可进一步导致信任恶化、彼此分化。在有些时候，人的确需要义无反顾地从某些状态中离开，好比到了某个点是需要人去到另外的地方才能继续成长。某些时刻，人面对乌烟瘴气的环境，需要鼓足勇气离开；如果已经不会有什么好结果，对灵魂也是一种消耗时，最好的做法就是保护好自己和自己的灵魂，选择向前走。

僵持反应（freeze）：其行为表现就像是野鹿突然被车灯照到时的反应，这种僵持行为是猎物面对威胁时的一种本能反应，以为纹丝不动便可以逃过捕猎者的眼睛。这里所说的僵持反应，还可表现为面无表情、不置可否的样子；无法清晰地思考或表达；优柔寡断；不愿进入难以开口的对话；不愿去推进不明朗的事情等。从积极一面来看，僵持反应可以是一种暂时性地缓一缓，留出时间好好思考，去觉察其中人的情绪，把握更全面的图景，包括考虑他人将会产生怎样的反应等。

结群反应（flock）：这种行为表现从积极一面看，可表现为“照料与结盟”（tend-and-befriend）的团结互助反应；从消极一面看，则可以表现为拉帮结派，形成“群体思维”①（groupthink），造成“我们、他们”这种排他性的极化思维。我们还可以从“同伴压力”②（peer pressure）的概念来理解该现象：阿利斯泰尔·史密斯（Alistair Smith）就在《学习过程背后的大脑机制》（*The Brain's Behind It*）一书中将“结群”行为定义为一种人从同伴、人群之中照搬行为规范、价值取向、行为模式的现象。举例来说，如果有些小孩和某个群体

① 群体思维是群体决策研究文献中一个非常普遍的概念，是指群体中的人们由于“从众”的压力导致群体对不同寻常的、少数人的或不受欢迎的观点的评价有失偏颇、不够客观，进而导致整个群体在思维上表现出一种盲目的共进退，却对一些不同但有价值的观点视而不见的现象。群体思维会损害群体绩效。——译者注

② “同伴压力”是教育学、心理学、社会学术语，是指因为渴望被同伴接纳认可、避免被排挤，而选择按照同伴规定的规则去思考或行动时所产生的一种心理压力。——译者注

混在一起，而这个群体又是一种对外界事不关己的样子时，这些小孩身上也就不会出现“热情”“好奇”这些状态，也不愿承认自己的无知。这种现象是不是也常在成年人的职场上有所目睹呢？

固本强基

战斗反应、逃跑反应、僵持反应、结群反应，都是压力下的人的应激反应，在这些反应之外，我们还可以有另一种应对焦虑的做法，我称之为“固本强基”（fortify）的做法。正如人体需要摄入维生素和所需矿物质来维持生命一样，我们可以通过固本强基的做法来应对生活的艰难时刻，这时我们的行为将不再是应激性的，而是站在一种更加自觉自知、更良性的立场上，自主地选择要采取什么样的行为。

英文中的 fortitude① 一词也有“勇气”的意思。13 世纪的托马斯·阿奎纳②（Thomas Aquinas）在其著作中提到“勇敢”一词时，用的就是 fortitudo 这个拉丁词，他认为“才学胆识，胆为先”。直到后来，表示“心、心脏”之意的法语词 coeur 和拉丁词 cor 才演化成了英文中的“courage”（勇气）一词，表示“勇气”是一种“来自心的力量”。

如何在各个方面，尤其是其心灵层面上去固本强基呢？正念冥想、听音乐、良好进食、跳舞跑步、徜徉于大自然中、和挚友相处……任何可让人汲取力量与宁静、任何可让人更清晰地感知内心深处“自己是谁”的做法，都能巩固人的根本。有了自觉自知，人就能固本强基，

① fortitude 一词与上文的 fortify 一词都有相同的词根“forti”，表示这是有相互关系的两个词。——译者注

② 托马斯·阿奎纳（1225 —1274），意大利人，中世纪经院哲学的哲学家、神学家，是自然神学最早的提倡者之一，托马斯哲学学派创立者。他把理性引进神学，用“自然法则”来论证“君权神授”说，并撰写了著作《神学大全》。——译者注

稳立于自己的价值取向之中。从事与“内在的我”形影一致的有意义的工作，人就能获得穿越艰难困苦的力量。当与他人一起组成群体时，还能借由群体中他人给予的友善的支持、好意的提醒来帮助我们固本强基。人的力量感增强之后，就会产生勇气，进而就能将自己洞察到的事情付诸行动。

秉持这种“勇气”，会有什么在启迪、激荡、充盈着你吗？你身体上会有一个部分想要去做不管有多难但却是对的事情吗？会有这样一个时刻，虽成败未卜，你也一定要去尝试吗？当你需要勇气时可以如何获取呢？循着直觉、鼓起勇气、听从本心、心脑合一，你一定可以。要回答上面这些问题，并为前路的挑战做好固本强基的准备，需要先来理解一下勇气的几种类型。

“不害怕”并不是说人不可以有恐惧，恐惧人人都有，承担着领导角色的人更是要面对数不胜数的恐惧。“不害怕”这几个字是说，我们不必“害”上“怕”这种病。

——帕克·帕尔默

勇气的四种类型

不同的境遇下需要人具有不同的勇气，很多时候我们只把勇气局限地理解为身体或道义上的勇气，其实勇气类型不止一种，罗洛·梅 1975 年写的《创造的勇气》一书中将勇气分为四种类型：身体之勇（Physical Courage）、道义之勇（Moral Courage）、社交之勇（Social Courage）、创生之勇（Creative Courage）。

身体之勇（Physical Courage）

这是我们提到勇气一词时最常想到的，身体之勇能让我们勇敢地站出来用身体来作斗争：正义的战斗、危急时刻挺身而出、长期与病痛抗争、挑战自己的身体做到平常做不到的事等，其中都含有愿意为他人受伤牺牲或为自己的生存成长而付出的意味，愿意承受难以预料的痛。

身体之勇常见于军人的英雄行为、在敌人面前的英勇不屈等，这种“勇”并非不经大脑，不是匹夫之勇、血气之勇，也不是那种个人强出头、因为怕在别人面前矮一头而故意表现出来的样子。

身体之勇有时由不得人多想，自然就那么做了。就像车祸后的西格丽德自己努力地从悬崖下爬上来一样，事后再看时往往很庆幸自己当时这么做了。在有些日子里，当我们开眼了、觉醒了，去面对残酷的事实，这是需要勇气的；进而做出选择、承受自己选择所带来的不良后果，这也需要勇气。拥有“活着”的勇气，虽称不上什么英雄壮举，但无论如何真正的生活是需要一些勇气的。

有位曾参与人质解救行动的军人对我说，冒着生命危险去救另一个人的命，这其实也是人自主选择的行为，既需要身体之勇，也需要道义之勇。他说：“明知自己可能会受伤，却有一种要为他人而前进的职责所在，这里面的感觉来源于人的本能，它难以解释、难以抗拒，它驱使着人，即使自己身上泛起阵阵战栗，在这种时刻也会觉得充满力量，因为待救的人已‘别无选择’，而你却可以‘选择’前去解救。”

道义之勇（Moral Courage）

道义之勇表现为举报错误言行、在强权面前仍敢于说真话并勇于承受后果等。用帕克·帕尔默的话说，当人们决定不再“割裂地活着”时，由此引发的社会变革就需要有道义之勇。说到道义之勇，罗莎·帕克斯[①]（Rosa Parks）、纳尔逊·曼德拉[②]（Nelson Mandela）、哈维·米尔克[③]（Harvey Milk）以及当代的马拉拉·尤萨夫扎伊[④]（Malala Yousafzai）这些名字会出现在我们的脑海中。马拉拉 12 岁时就开始为巴基斯坦的女童教育权发声，先是在学校大会上发言抨击塔利班，后又为 BBC 撰写匿名博文，身份暴露后依然奋笔不辍。塔利班以死相胁，她却依然直言发声。在马拉拉 15 岁时，一名蒙面枪手闯入她搭乘的校车，想要知道马拉拉到底是谁。枪手开枪打了马拉拉和其他同学，然而马拉拉却活了下来。16 岁那年，马拉拉在联合国大会上发言时说道："他们企图杀人灭口，但没有成功，他们堵不住悠悠之口。那些恐怖分子想让我销声匿迹，然而，发生在我身上的这些事除了褪去了我身上的脆弱、恐惧、无助，为我平添了强大、力量、勇气，我一如往常，我还是那个马拉拉。"

像这样扛起社会变革大旗的人所彰显出的勇气也鼓舞着平凡的人们在点滴日常生活中为自己、为他人挺身而出——虽不那么叱咤风云，平凡人也能彰显道义之勇：冒着丢掉工作饭碗甚至性命的"吹哨人"[⑤]、依道德价值标准而非盈利标准做出业务决定的领导者、面对败坏的组织文化挺身而出要求改变的员工……这些彰显着道义之勇的个人行为都是因为内心深处明白什么是对、什么是错而勇于做出正确的选择。

面对歧视也需要勇气，有位领导者举了下面这个兼具道义之勇和

---

① 罗莎·帕克斯（1913—2005），美国黑人民权行动主义者，被美国国会称为"现代民权运动之母"。——译者注

② 纳尔逊·曼德拉（1819—2013），南非首位黑人总统，被尊称为"南非国父"，他领导反种族隔离运动、推动多元族群民主，1993 年获诺贝尔和平奖。——译者注

③ 哈维·米尔克（1930—1978），美国同性恋运动人士，同性恋权益运动的代表性人物。——译者注

④ 马拉拉·尤萨夫扎伊（1997—　），巴基斯坦人，以争取女童的接受教育权利而闻名。——译者注

⑤ "吹哨人"（whistleblower）这个词起源于英国警察发现有罪案发生时吹响哨子的动作，以引起同僚以及民众的注意。后来引申为当发现有人或某些事件违反了法律、规则或规例，直接威胁到公众或集体利益时，那些勇于站出来发出声音、将其公之于众以采取某种纠正行动的人。——译者注

身体之勇的例子："因为在美国这种极端的种族歧视和带有偏见的社会体制中长大，经历锻造了我的勇气。这是我通过向内求而得到的勇气，从人的内心去获取勇气、希望、智慧，想要活下来，就需要这样做。"

"乘坐电梯时，我会去留意电梯里的其他人，让他们不因我的存在而感到恐惧或不适。哪怕走在大街上，我也会留意，特别在晚上，我都避免跟在别人身后走路，尤其对方不是黑人或者对方是女性时，我更加注意；有时就算对方是黑人女性，我也多加小心。因为我走路快，作为一名男性非裔黑人，我会特别小心地不要在昏暗的街道上跟在其他人身后走路。"

表面上像是说人在不同情景中应当时刻保有觉知和觉察的事，但这其实是一种带着希望与智慧的勇气之举，因为他并没有拉仇恨，也没有消极厌世。

社交之勇（Social Courage）

很少有人专门讨论社交之勇，大家是通过布琳·布朗①（Brené Brown）的研究才多少对这个概念有所了解。当人冒着袒露自己内心的风险，用真实的自己与他人相交时，彰显的就是社交之勇。人们为了创造爱、愉悦、幸福和联结的可能而去克服羞赧的感觉，敢于面对失去、痛苦、尴尬、悲伤和失望，努力寻找有所归属的感觉——这些都需要勇气。缺少社交之勇，人与人之间形成的是隔阂、虚情假意的联结，也无法形成相互信赖的关系。

如果人能觉察自己的情绪，理解自己的感受并表达出来（而不

① 布琳·布朗是休斯敦大学社会工作研究生院的助理研究教授，她的研究课题包括脆弱性、勇气、真实性和羞耻。2010 年，布琳·布朗在 TED×Houston 的演讲《脆弱的力量》是 TED 网站上最受瞩目的演讲之一，拥有超过 600 万次的点击量。她还著有《脆弱的力量》《无所畏惧》《归属感：做真实的自己》等书。——译者注

是将情绪作为自己不当行为的借口)，人就能变得更真实。这种真实能够营建信任，信任自己继而信任他人。彼此信任的人一起携手去做对的事，相信大家一起能让世界有所不同，相信彼此间的差异能带来更好的做法。社交之勇能让人身心完整地立于他人面前，也为他人创造了敢于将自己立出来的安全感，这时人在工作中才会有真正的投入和创造。

在一个叫作《揭秘男子主义》(*Unmasking Masculinity*)的 TED 演讲中，心理学家瑞安·麦凯利(Ryan McKelly)谈道，男性在社会化的过程中形成的观念是,表达“悲伤、愁苦”的情绪就相当于“软弱”，这样的情绪不适合在他人面前表现出来，但“愤怒”却是正常的(对女性则不然)。瑞安手中拿着一张图片，图中有一名消防员，身后是一片火海，他说道:“有些时候人是需要控制自己的情绪、有所克制的。可我想提的问题是，阻拦、遮掩情绪的正常流露现已成为人们在工作上、家庭里、朋友间相处的一种普遍模式了。”

创生之勇(Creative Courage)

这是最不为人知的勇气类型，却是最需要加以培养的，包括:产出创造性做法，创建社群，在挑战中明白创生的意义，从一个新视角给大家一个可以因之而集结的念想，以及发起变革让我们能在人性的道路上前行。

创生之勇有时意味着在原来的机构和组织中发起变革，让组织回归创立的本心，做出更大的贡献；有时则意味着离开一个已经容不下你梦想的地方，自己创业，或以其他方式推动变革；创生之勇还意味着当发现自己的生活不是自己想要的时，去开创另一段新生。

创生意味着去发出一己之声，告诉他人自己已经就绪，让他人听到自己的声音；意味着去描绘让世界有所不同的梦想，将它活出来，同时也鼓舞他人行动起来；还意味着用新理念、新模式去引领前路，里外合一，让变革持续推进。

这也是为什么世界亟须心中有美、手脑并用，愿意去创造各种变革、生发各种出路的人。当人打通了自己身上领导的艺术、能身心完整地领导时，就会解锁自己身上那创生积极变革的天赋。

从创生之勇到集体勇气

在改革圣塔芭芭拉市地球日活动的故事中，西格丽德展现了创生之勇：“其实我真正要的是一个能搞定活动运作的运营团队，这个活动就好比是一场大型婚礼，每年一次，同时有三万人参加，而且每个人还都觉得自己就是结婚的主角。”后来西格丽德把目光投向了社群，她想通过群体来寻求解决问题的答案，她邀请做活动运营的一些小型创业公司一起来讨论——“如果我们几个人凑到一起会怎么来安排这个活动呢？就让我们来一起乐在其中吧。”由于这些人的精诚合作，活动效果很好，地球日活动也被注入了新活力，从此一直都办得很精彩。

后来，西格丽德的这种创生之勇还影响到了其他组织：“我开始更多地关注改造整个业态的事。”西格丽德一直活跃在一个由当地非营利机构领导者组成的社群网络中，因此结识了埃里克·托金（Erik Talkin）——圣塔芭芭拉粮食赈济处的首席执行官。“我们的生命轨迹本不可能相交，但在社群中的交流让我们都觉得，粮食问题在人和环境层面都出了一些状况，我们可以一起做些事情。”他们一起合作，开始在更大的范围关注粮食的播种、收获、加工、包装、运输、销售，还有粮食摄取和残渣处理等各个环节。

“我们问自己，‘我们能做些什么？已做了什么？还可以做什么？’我们想要寻找的合作伙伴，也是能在这些方面建立起信任的人。”在这样的信任下，通过艰辛努力，两年后的 2016 年 5 月，他们启动了一个名为“粮食行动计划”的项目，梳理出一项项可执行的目标和战略，为圣塔芭芭拉市的市民营建了一个更有活力、更加稳健的粮食机制。

如果你也像西格丽德一样，是一位充满勇气的组织的最高管理者，你的状态也一样会给组织定调。那么，这能自上而下地让整个组织都变得富有创造力和勇气吗？依组织文化的不同，组织会呈现出不同的勇气类型。

在工作中培养勇气

莫妮卡·沃莱恩（Monica Worline）是一名专门研究工作中勇气和同理心话题的组织心理学家，她对组织中有人挺身而出、有人缄默不言的不同行为加以分析，来理解人是如何体会勇敢或懦弱这些概念的。她的研究点并不是吹哨人展现出的那种极大勇气，而是日常工作中的勇气——像是站出来说句“我看这个项目规划是做不成的”“我感觉大家现在达成的共识并非是大家真正想要的”这样的话。

沃莱恩让被试①讲述在工作中经历的一些有关“勇敢”的故事，80% 的人都讲了他们看到的其他人的勇敢行为，然后沃莱恩又去问当事人有什么感觉——当事人表示，他们能理解为何在别人眼中这叫作勇敢，但同时也说觉得没什么特别的，“噢，这不难做到，因为我和老板关系好”，或归因于自己的能力，“这种事我在前一家公司做过太多了，我知道可以的”。

他们对自己身上被别人当作勇气的东西并不特别在意，这不只是因为谦逊，而是因为当人看待自己的行为时，往往是从内在来审

① 被试为心理学实验或心理测试中接受实验或测试的对象。——编者注

视的，外界看起来有些冒险的举动以自己内在来看却并不一定。沃莱恩说："哪怕人觉得自己的行为算不上勇敢之举，可这里面依然有'勇气'的存在，人与榜样行为之间的空间就是'勇气'之所在，这是一种会生息的张力，在人与人的交往中这种勇气效应是抹不去的。"

"勇气也在人与人之间的空间里存在"，这说法值得好好玩味。勇气并不只来自一个人的内心，当人勇敢的行为被其他人看到时，勇气也会出现在人与人之间。诗人约翰·奥多诺休（John O'Donohue）在他的诗中就对这种存在于人与人之间的勇气大为赞赏——有这么一刻勇气会被点燃，人会懂得欲求安然需得涉险的道理。

给他人以鼓励，帮助他人看到自己看不到的东西，这正是领导者的职责所在，能做到这一点的人都可以称作"领导者"。

假如勇敢之举并没有被他人看见，或是没被他人认作是勇敢之举，那么这样的勇气之举还有意义吗？他人怎么看的确关键，如果他人看到了你彰显的勇气，反过来也增强了你做下去的决心，这便是一种固本强基。不过，玛丽·安妮·拉德马赫（Mary Anne Radmacher）的这句话也有道理："勇气不一定都是发出震天吼，有时只是一天下来静静地说一句'我明天还要再试'。"

不同组织中的勇气

沃莱恩经过数年的组织心理学研究后发现，依组织环境的不同，勇气呈现出的样子也有所不同，组织架构和文化中的东西会影响人们口中关于勇敢的定义。在上下等级分明的组织中，"有勇气的行为"意味着在层级中敢于向上反推，敢于在有权势的人面前亮出自己的不同观点；"缺乏勇气的行为"则表现为员工认为组织做的事没有什么意义或认为组织只想着赚钱。而在自主性强、不搞细节控制的组织中，彰显勇气的行为更多的是一种建设性的表现方式：当组织宗旨明确、同事之间又有共识时，勇气意味着大家会去发掘他们想要做的事和他们坚信的事，并行动起来让其成真，这时的勇气行为表现为给某项目提供支持、帮助提高绩效标准等。

工作中让人心与心相连的社交之勇表现为一种同理心，它让人可以袒露脆弱，带来人与人之间的信任。沃莱恩在《唤醒职场同理心》（*Awakening Compassion at Work*）一书中把这种勇气看作一种“强烈的同理心”（fierce compassion），它让人敢于对职场中一些反复出现的、让人叫苦不迭的事说“不”。从一家组织离开，对一些不可接受的行为直言不讳是需要勇气的；针对一些人有失尊重、有失检点的行为站出来说话，不容许有人人为地操纵组织，这也是需要勇气的。虽然看上去这属于道义之勇，但实则是有人代表组织有所行动，其背后是对组织好坏、对组织使命以及价值观这些内核的深切关怀。

人不一定天生就勇敢，但人天生都有发展的潜能。没有勇气，人就无法持续不断地发展其他美德，善良、真实、慈悲、慷慨、诚实这些都无从谈起。

——玛雅·安杰卢（Maya Angelou）

勇气与真我

如果说勇气是一名领导者所必需的，那么该如何成为在这方面的领路人呢？引领者应该具备怎样的内在才能做到不仅有身体之勇，而且还有道义之勇、社交之勇、创生之勇呢？

在你决定要有所行动时，也同时鼓舞了人心、体现了正直，这时就是在彰显勇气。勇气是在你做出决定、采取行动的那一刻让你勃发的生机；勇气是你灵魂彰显时的样子；勇气不只是你身上的东西，勇气也是你。在彰显勇气的一刻，你会看见一个真正的自己。

第1章

关于“勇气之路”

我们与世界一同进行创造，这其中的责任既使人敬畏，又让人痛苦，但也因此使人对变革怀有了深切的渴望。这是我们呼唤领导力的出发点，也是成为优秀领导者的真谛。

——帕克·帕尔默

大多数人都同意这世界还需要更多、更好的领导力，但对于究竟何为好的领导力却众说纷纭。不过，现在大都认为那种传统的自上而下、独断专制的领导力已不是我们要的了。上网搜一下“优秀领导力”，会搜出不计其数的书籍和文章在细数好的领导者应具有哪些重要技能和特质。还可以搜到各种各样的领导力课程、教练、咨询机构，号称能传授领导的秘诀，仿佛真有一条捷径可走。

大部分人也都见过、亲历过“好的”领导力，像是领导者身上的“真实”“创变”“可信”“成功”“勇敢”这样的特质。此外，好的领导力还包括：妥当的决策，平衡各种压力，敢于冒险，坚守正确的价值观，面对狂风暴雨时保持冷静；还包括积极聆听，诚邀他人发表意见、给出回应；以自己的愿景来启迪他人，用自己“临在”的力量去影响他人；鼓励他人担当起领导者的角色。

我们还对领导者有很多期待。对一个组织、一个机构来说，要想运作好，需要好的领导者；对想要在这个世界上做出改变却又不知道具体要改变些什么的人群来说，他们也需要领导者。好的领导者能促成对话，在复杂的情形中让事情真正地推进。

领导者也会有疲惫不堪、孤独沮丧的时候，有大失所望、无功而返的时候，还有彻头彻尾地灰心丧气的时候——领导者要走下去，需要耐力，需要内力，还需要一个相互支持的团队。

那么，优秀领导力的源头是什么呢？虽然列出领导特质和领导技能方面的内容可以告诉我们什么叫好的领导者，但却无法告诉我们如何成为这样的领导者。从本质上讲，领导力体现在持续不断的日常实践中，它是一条让自己成为最好的自己、也让他人成为最好的他人的路，而处于最中心地位的就是勇气方面的实践。这就是我们中心“勇气之路”模块关注的话题。“勇气之路”是通往领导力的向导，也是一种生活方式。专门提出和探索“勇气”这一重要素质，可以帮助领导者理解如何获得勇气、如何运用勇气。

1.1　领导力的核心

可能我们都知道人的勇气源于内在，不过确切地来说，勇气究竟在哪里？人又如何培养出勇气呢？为了回答这个问题，帕克·帕尔默以及勇气与新生中心对以下这些关键性的问题进行了探究：“勇气是否源于人对自己的深层信任——一种根植于内心深处对自己有所觉知的信任？”这里的这种“信”并不源于人的小我，也不源于人的头脑思维，而源于人内心深处的自己，只有到了这个深度，我们才能以真心对自己，以真心对他人。“是否可以让更多的人在做出选择时能做到带着正念、带着觉知，在权衡不同的做法时能够看到更大的图景，更有意识地考虑他人的感受和意见，同时又遵从于更高的宗旨和意义？”

实际上，人类历史上的一些社会变革运动已经对上述这些“是否”

问题做出了回答。在这些社会运动中，人内在的力量得以激发彰显，形成了强大的革命性行动，针锋相对地与享有等级特权的人、与天生人高马大的族群、与强大的经济势力作斗争。如若不然，受压迫的少数群体就不可能争取到任何社会进步。而参与这些运动的人，他们所有的身外之力都已被剥夺干净，所剩唯一的力量却能让这些运动风起云涌——这是一颗为争取人之完整性的内心而具有的力量。没有这样一颗强大的内心，就根本不会涌现出这些修正社会不公的革命；如果没有这样一颗内心对坚守意义与宗旨、对关注他人、对要求合作、对达成共识、对产出具体行动的决绝，这些运动也不可能带来实质性的改变。

25 年来，勇气与新生中心以及在此工作的引导师和员工，还有在此参与过培训项目的成千上万的人，一直都在探究上述那几个“是否”问题。在我们探究的过程中，不仅对此有了回答，还形成了一些关乎生活、关于思考、关于彼此交互、关于领导行为的行动之道。无论是大事还是小情，如何让人在施展领导行为的过程中做到身心完整，“勇气之路”都给出了最好的回答。

1.2 “勇气之路”五要素

在本书写作过程中，我进行了 120 多个采访，关于领导者如何培养勇气，发现了五个关键要素，包括“真我”“信任”“社群”三个重要理念以及“相反相成”“反观反思”两大做法。我将在后面章节将这些要素细细道来，以下先做简要介绍。

1.2.1 真我（True Self）

我们认为，每个人的内心都住着一个本真的“我”，一方面会不断成长，一方面又在最深处有着保持不变的东西，这个内在的本真之源人人都能触摸到，在不同文化传统或智慧传统中有着不同的叫法，如“本性”“正直”“内心之师”“内心”“内在指针”“灵性”“灵魂”等。在复杂的人生路上，在种种人生挑战中，正是这个“真我”的指引及其力量为我们开出一条路来。如果能听从并信任自己身上这个最真的部分，自己的人生选择和人际关系便会经由这个信任流露出来，反过来又能造就更多的信任。

1.2.2 信任（Trust）

要有勇气，人就需要有对自己、对他人的信任。值得信赖的人际关系，是人绽放的条件，也是积极变化得以发生的条件。人际信任是建立在我们对他人的觉察之上的，包括对他人在个人层面、专业层面、技能层面、人完整性上的觉察。想要了解我们这种觉察背后所持有的态度、假设和偏见，还需要我们做很多功课，真实地面对自己的内心。我们这里提供的一整套原则和做法，可以帮助大家进行这方面的内心功课，培养人际方面的信任。这套原则和做法已经经过了时间的检验。

1.2.3 社群（Community）

人要了解自我，建立信任，既需要内省，也需要有一个支持性的群体。我们对这种社群进行了特别的定义，称为“独而成群”或“探询式社群”。我们提出了一些关于如何在这样的社群中开展反思、与彼此互动的模型，以便让人得到新的认识并获得勇气。

在一个社群中彼此需要，接受这种状态本身也需要勇气，这反过来又能给人带来坚韧。领导者必须学会如何邀请大家来共创一个彼此信赖的空间，并让每个人都为此负责，这样一来大家就可以通过彼此支持，一起把事情做好。真正有效的彼此协作需要以真正彼此信赖的社群为前提。

1.2.4 相反相成（Paradox）

如果能认识到存在于人身上的很多二元性（生与死、爱与失）实为“两者兼有”而非“非此即彼”，那么我们就能学会如何处理很多相反相成的现象，学会借助这其间的张力来延展我们的心灵和思维，打开新的洞察和可能。理解了相反相成，我们就能既看重个体的智慧，也看重集体的智慧；既相信自己的理智，也相信自己在身体、直觉、情绪上的觉知；既重表达，也重聆听。真正懂得欣赏这种相反相成的现象，可以帮我们处理复杂度更高的事物。要将自己对内的探寻和外在的工作相统合，也需要我们在日常的每一天都处理好这些相反相成的现象。

1.2.5 反观反思（Reflection）

反观反思能为人打开更多的学习通道，增益人的头脑与心灵，让人可以从直觉、想象、内在等更深处来获取更多东西。如果有自己信赖的伙伴像镜子一样提供反馈，反观反思的过程还将更为丰富。

大家坐在一起进行反思，人与人之间就能产生“关系型信任”①（relational trust）。例如，一起反思时人就会去想，原来某些经历人人都有，而自己又是在哪段具体的人生轨迹上遇到这种经历的，这样一来便有了关系型信任。而让大家广泛地从不同文化与传统中去涉猎一些诗歌、一篇富有寓意的故事、一段音乐或一件艺术品，引导大家对此进行对话，可以帮大家对一些重大的人生议题进行思考，也让每个人能以自己独有的方式来探寻这些议题。这样的反思会让我们找到一片心灵的土地，让我们稳稳地扎根其中，也在人与人之间奠定了共同的地基。

① “关系型信任”是全书的一个重要概念，详细定义可参考本书第 4 章中的内容。——译者注

如果我们愿意接受挑战，努力成为身心完整的人，这个过程就不可能独自一人完成，至少一个人走不远。想要一路不停地走下去，我们需要置身于人与人构成的信任关系中；想要持续走向不再割裂的生活，我们需要有坚韧强固的社群支持。让“心之所往”和“身之所从”重归一处的内在之旅，需要我们建立一种真正意义上的社群，这种社群现在还不多见，我将其称为“信任圆圈”。

——帕克·帕尔默

1.3 打造信任之器

人有很多时间都是在职场中度过的，从精神、身体、情感、心灵等诸多层面上看，我们都需要也想让工作来为我们的身心健康提供给养，而身心健康中最为关键的便是信任。如果你也觉得需要为自己、为同事打造一个充满信任的空间，那么就会思考如何持之以恒地去创造和维护这样的空间。

“信任圆圈法”（Circle of Trust®）是我们勇气与新生中心一个标志性的方法论[①]，其主要目的是为个体以及由个体组成的群体创建和护持一个安全空间。“围成圈”的做法从人类早期围火而坐、有了彼此交流的语言时便已有之。现代“围成圈”做法的作用则主要是为了个体成长、主持正义、团队建设、斡旋调和、社群建设等。我们开发的“信任圆圈法”本是为了帮助参与者将“心之所往”和“身之所从”重归一处，帮助他们唤回工作的激情。但我们也慢慢发现，这个方法还可以帮助人与人之间缔结关系型信任。用我们的方法进

① 用英文首字母大写形式表示的“信任圆圈法”（Circle of Trust）已由勇气与新生中心注册了商标，并对一系列特有的原则和做法进行了定义，只有经过中心训练的引导师方能使用这一方法；而用英文小写字母形式表示的“信任圆圈”（circle of trust）则是指在带有觉知的群体对话中得到的一种体验，哪怕在两人对话中也可以获得。

行“圆圈”引导时需遵循一系列的规则，我们称之为“信任圆圈准则”[①]，这是我们在引导内在探寻和信任建设方面的对话时需要遵循的操作原则。这些准则清晰地界定了人际方面互动的外延，并致力于破除一般在职场中很常见的上下层级感和权力关系。大家也可以将这些准则经适当调整后应用到组织、社群、伙伴网络中，借此来定义大家一起工作时如何活出完整性、活出信任，如何让每个人都呈现出最好的自己并有所贡献。

这些准则在全书很多地方都将一再提及，通过书中记述的很多领导者的故事，我们还可以看到他们在各自的情景和组织中是如何被运用的。大家可以自己先深入地思考一下这几条准则，或可以找位伙伴来一起交流一下，看看这些原则是如何处理人与自己、人与他人的相互关系的。

每一条准则都是值得称道的理念。如果要思考如何将其运用在生活和工作中，那么每一条都需要花上一天时间来详加琢磨；每一条理念还需要花上一整周、一整月的时间来做更深入的思考。这一系列的准则放在一起之后，所编织的神奇魔法就可以让信任之花开放。

把这些准则放到一起，将构筑一个海纳百川的“容器”，让人得以完整地、真实地把自己呈现出来，人与人之间也得以进行真诚的对话。这里有意用了“容器”（container）一词。思考一下，我们如何才能构筑这样的“容器”？如何让其中的每一个人都为构筑这样的“容器”尽到自己的责任？推而广之，如何让人际关系、组织文化、社群也都各自为此尽责？我们如何能做到以关注和尊重待人？要做到这些，就需要订立一些基本规则，这也就是我们所说的圆圈准则。以下先简要列出这些圆圈准则，本章后半部分还将详加论述。

---

①“信任圆圈准则”在后文中有时也简称“圆圈准则”。——译者注

信任圆圈准则：

1.“开迎乐见”[①]（Give and receive welcome.）

2. 尽最大可能，整全地“临在当下”（Be present as fully as possible.）

3. 邀请而不强求（Extend invitation, not demand.）

4. 表达自己事实观点的同时也尊重他人的事实观点（Speak your truth in ways that respect other people's truth.）

5. 彼此之间不修正、不解救、不提建议，也不指正（No fixing, saving, advising, or correcting each other.）

6. 不好办时，转念去想想（When the going gets rough, turn to wonder.）

7. 开放、真诚地提问（Practice asking open, honest questions.）

8. 征询内心之师（Attend to your own inner teacher.）

9. 相信并学会沉静的力量（Trust and learn from the silence.）

10. 恪守保密原则（Commit to and maintain confidentiality.）

11. 是有可能要先播下种子，再静待花开（Know that it's possible for the seeds planted here to keep growing.）

站在人生命的最深处，我们不需要什么工具和技术，我们需要的是对自身、对我们这个世界的洞察，来让我们得以从多样与不同、张力与冲突中有所学习，有所成长。

——帕克·帕尔默

① 这里不只是指欢迎一个个的人，还指要欢迎别人的视角、观点和做法，哪怕是与自己不同的视角、观点和做法。所以，除了“迎”，还有“乐见”的意思。——译者注

1.4 圆圈准则

我们把圆圈准则按照在个人“在自己这儿”以及“在他人那儿”构建信任、进而构建勇气的不同阶段分为三组，分别是：出发点准则（intention）、互动准则（interaction）和统合准则（integration）。

1.4.1 出发点准则

圆圈准则中的前三条说的是开始进入人与人之间的互动时，如何欢迎他人、如何让自己“临在当下”、如何向他人发出邀请，每条准则都需要人把握好对自己以及自己的出发点的觉察。如果这三条准则都做到了，关系型信任也就开始出现了。这就好比需要通过弹奏钢琴“中央C”这个琴键来进行调音、需要依据某一个音高来将合唱团成员归到一个声部中去一样，这些出发点准则也定下了你个人领导力以及你所在组织文化的基调。

“开迎乐见”

打开胸怀、致以热忱、迎见他人，包括欢迎并支持多样而不同的视角、观点、做法。迎见他人可以让我们从孤独感中走出来，迈向归属感；而当我们受到他人的欢迎时，也才可能有所学习、积极参与、为集体做贡献。

尽最大可能，整全地“临在当下”

排除语音留言、电子邮件、昨天未竟之事、明天待做之事的干扰，将全部的自己带到现场，带上自己的疑虑、恐惧和失败，也带上自己的坚守、愉悦和成功，还有聆听他人、表达自己，把这些都完整地带到现场，不是只把与现场有关的那部分自己带来。

如今大家都要同时处理很多事情，事情各有轻重缓急，要做到完完全全地把关注点放在当下是极其难能可贵的。在此基础之上，这条准则还能帮我们看到并尊重生命的整全，看到你自己身上以及你所面对事情的复杂性。这条准则意在表达:“虽然在自己生命的当下有许多事同时发生，但眼下我将全身心投入手头的工作，把自己的能力最大限度地发挥出来。”因为大家都有类似体验，所以会有共鸣。

邀请而不强求

在“信任圆圈法”中,让参与者加入对话是一种邀约,而不是要求。参与者带着关心只听不说或参与发言，这二者无异，都是参与。

帮助人开展内在功课也只可能通过邀约来进行，想要让人打开心扉，畅所欲言，只可邀请而不可强求。每个人都需要有时间与空间上的自由,按自己的时间、以自己的节奏,通过有意义的过程来学习成长。

如果这个过程没有“不参与分享的人都有错”的味道，很多人也就能释然，尤其是那些比较内向的或者很疲劳的人。有意思的是，只邀约而不强求，结果反倒是会有更多人愿意参与进来。在职场中，这种真心的邀请也意味着在工作对话或工作流程中积极地让彼此一起投入某项工作，而不是通过胁迫的手段。

可能有人会觉得邀约不强求的做法在职场中有悖常理，不太现实,因为职场中的人都是拿工资做事的。关于这一点,我们这么来看:如果人把自己定位成一个“下级”，那么可能都不太会自己主动想着要去做什么，而是更想等上级来给出明确的操作指令；相反，如果人把自己看作“追随者”，那么就会想要通过一些有意义的挑战来激励自己——这时，当很有领导力、很富同理心的人发出真诚而一贯的邀请时，就会有追随者站出来。思考一下，如何才能通过邀请而非强制的方式让人站出来自己担任主导责任并发挥自己的潜能?

1.4.2 互动准则

以下是指导人与人之间及更大群体里人们之间如何对话的准则，这些准则也同时适用于人与人的日常对话，也可作为工作及生活中如何对待他人的原则。

表达自己事实观点的同时也尊重他人的事实观点

这一准则要求我们在表达自己时要运用"'我'句式"[①]，我们知道，不同人看待同一事实可以有不同的视角。在朋友之间、个人关系、辅导关系以及其他特别需要表达真实想法的情景中，这一准则都适用。如果想要真正了解他人，这种跨越了人与人之间不同的"故事分享"就至关重要。不必争论谁对谁错，也就不会去指责他人，让他人蒙羞。

想象一下，在这条准则之下的工作环境中，大家都真心想听到你表达的事实观点，想听到你的见识天赋和专业经验，你的声音真正地被人听到，你的作用真正地得到了珍视。每当讨论到战略方向、轻重缓急、方式方法、钱、领导力、权力这些话题时，团队成员肯定都会在同一事实中看到问题的不同方面，因此每个人都应当表达自己的视角和观点，也有责任把自己的想法告诉他人。

在职场中，特别是在解决问题的时候，对他人发表的东西进行阐释和辩论是正常的，也是必要的。这时运用"'我'句式"可以提高讨论的有效性，加快决策速度，促进人与人之间那种带着尊重的聆听，不至于让人在这样的人际交流中感到不安全。

彼此之间不修正、不解救、不提建议，也不指正

这条准则背后的基本假设认为，对一些问题，人的真我实际上什么都懂。领导者（包括长辈、老板、配偶、兄弟姐妹、朋友等角色）往往会觉得对方希望自己能给出一些答案，因此无论我们是对方的什么人、我们处在什么位置上，这都是最不容易做到的准则之一，因为我们总觉得需要给对方一些建议才算真正帮了忙。

但是，修正、解救、建议、指正，不都是领导者对其下属团队、

---

① "'我'句式"（"I" statement）是以"我"作为主语的表达句式，相当于中文里的"我个人（认为）"。通常用来表达自己的主观判断和想法感受，而不对对方进行指责和干涉，所以也就不会与听者形成对立关系。"'我'句式"是非暴力沟通的基础，可以用来向对方表达建设性的批评而不造成冒犯。——译者注

同级领导甚至上级领导应该做的吗？——这一准则并不是说让大家在应有作为的时候不作为，好的领导者应该既能为团队寻找出路、指明方向，又同时能让团队成员坚信他们自己拥有做出适当决策的天赋与能力，并支持他们这么做。

有了这条准则，辅以其他准则的运用，我们对他人的回应也就改进了，从“给人支招”变成了“对人好奇”，从“越俎代庖”变成了“循循善诱”。虽然与我们平时的习惯相比这条准则有些一反常态，但这一条与下面这条“转念去想想”的准则都被很多领导者认为是最有价值的准则。

不好办时，转念去想想

如果在与他人互动的氛围中开始出现评判或防卫的气氛时，可以给自己一些时间暂缓下来，自问一下：“某某人为什么会产生这样的想法？”“某某人现在的感受如何？”“自己的这种反应说明了自己身上的什么问题？”这样一来，就可以将评判搁置一旁，转而对他人进行聆听，也对自己进行聆听，让自己带着同理心去探寻。

有些领导者会觉得这种时候他们更倾向于先想想自己这一方的反应，认为这可以加深对自己的觉知，对自己的反应产生意识。但如果当时彼此正在胶着的当口，想要让对话有所好转，其实应当先转念去想想他人产生的反应，这时你才能把一些评判放置一旁，真正地“临在当下”去聆听别人。

很多参与我们培训的人都说，这条“转念去想想”的原则是他们回到生活中最常用的原则之一。这一原则能为他人留下体面，在他人言行不慎时给他人以喘息的机会。如果我们去了解对方的内在发生了怎样的转变，就能待彼此以宽容——他人那有如讥讽般的失口之言，兴许只是他的无心之过，也不一定是针对你的。感受到这些，我们就不会把他人逼至绝境。而这也会让他人对你投桃报李，在你自己口不择言时也给予你宽容。

职场中需要创造表达不同意见的机会，让大家带着尊重来谈分歧、找出路。在大家不知所往、意见不合的时候，团队成员之间的信任比什么都重要。有些情况下，领导者需要等到合适的时机和安全的空间出现，才能开启这个“转念去想想”的动作，待到那个时候问题才能继续谈下去。这是因为，这种针锋相对的做法是需要时机和空间的，这里用“针锋相对”这个词可能有些欠妥——我们这么来看，我们这时更像是以一个“外交使者”的身份来面对对方，由此也带出了下一条准则——开放、真诚地提问。

开放、真诚地提问

给对方提建议、一个人过久地自己思考，这些做法并不会带来什么实际结果，这时可以进一步努力去理解对方。“开放、真诚的问题”是指一种你事先无法预知答案的问题，这样的问题可以带出人的洞察，也可以帮助他人解锁他们自己的才智之源。

开放、真诚地提问，可以用来改进绩效评估时的对话，也可以用来帮人在发生重大转折时进行深度的剖析。如何进行不带导向、不带指向的提问是一门艺术，我们将在第 8 章详细阐释这一做法。

征询内心之师

在聆听他人、与他人互动的同时，也要同时将注意力放在自己如何反应及如何回应上来，做到在人际上、情感上让自己越来越有觉知，这么做其实就是在自己的内在构建信任，而且这些行为都是这个构建过程中最为实质性的行为。向自己的内心之师征询也是正念的一种，去倾听自己的身体和直觉（人的真我会通过直觉发声），也去倾听那个最有智慧的、最内核的自己。等到这种“内应”的过程变成你很自然而然的做法时，在压力下便可以此作为审慎处理自己应激性行为的手段。这样一来，你将变得更有弹性、更有应对力，也更真实了。

相信并学会沉静的力量

沉静，是这个嘈杂世界中的一份礼物，也是让人了解自己的一种方式。然而在组织里沉静却难得一见，团队或团队成员都竞相为自己争取表现的机会，以至于很难想象如何让大家沉静。然而，要让每个人内在的智慧浮现，让每个声音都被听到、被珍视，沉静却是必不可少的。从这个意义上讲，沉静并不是不准人说话，不是压制他人的言语、把人边缘化，也不是通过权力倾轧让人闭口。

容许有一段时间的沉静，不至于让其中的人觉得坐立不安或忍不住想说话，这是需要一定练习的。沉静自有其蕴力，经过了足够时间的沉静，往往能带来突破性的洞见；而忙不迭地打破这种沉静，会让真知灼见也随之消散了。

沉静与留白也能给职场里的工作方式带来价值。沉静能告诉我们下一步最佳的行动是什么，能帮群体回到大家的聚焦点上来，能让大家更有耐心地对待整个过程以及对待各人不同的学习速度和响应速度。在某人发言之后，不再忙不迭地马上说话，而是愿意花点时间好好地进行思考。在会议日程上留有余地，通过缓一缓来给大家一些空间，在需要时转向另一话题，这些做法都能让参与者充分地与问题“多待一会儿”，直到有新的发现。大家还可以通过一些实用的工具来暂悬问题，等之后合适的时候再回到该问题上，例如可以在白板上列一个“问题暂存表”。

1.4.3 统合准则

最后两条准则是在一天的圆圈对话结束之后仍需继续坚持的原则，是保护信任空间的体现，也是在对话结束之后继续统合洞见的体现。

恪守保密原则

如果听到分享的人都能做到对听到的话和事进行保密，在没有征得同意的情况下不告诉其他人，那么大家对彼此也都将更加信任。

守口如瓶的人值得信赖，而说长道短的领导者和同事则会失信于人。当然，在某些情况下（或在某些职业中），当知道有人受到侵害或身陷险境时，可能需要履行报告的法定义务，如果知道一些隐情，我们要有能力分辨该不该将其曝光出来，要不要鼓励当事人自己站出来。

在我们的采访中，很多领导者都提到了恪守保密这一准则的意义和价值，不仅对他人而且对自己都是如此。很多领导者常有种孤立无援的感觉，除了在心理咨询当中或是面对自己信任的伴侣、挚友时，其他时候总觉得自己的疑虑和情绪无处可诉。如果同事之间、领导层之间都能恪守保密原则，领导者就能建立并感知到一种信任，这样当需要与人协作时他们就知道可以将信任交到谁的手中。

是有可能要先播下种子，再静待花开

这条原则是个比喻，意为要知道自己所做的事情“花开花落自有时”。处理一些最为复杂、最具挑战的事时，尤其在当时事情并没有做成时，某些行为的意义往往要过一段时间之后才能被人领会。对一些周期很长的变革项目，这条原则告诉我们，变化的幕布是徐徐拉起的，付出很多并不总会立竿见影。这条原则也可以用在人生事业的发展上，如果你觉得已经尽了全力回应了某种召唤，那么也许到了该往前再迈一步的时候了。

这条原则还可体现在一些让人重焕新生的行动上。在忙碌中得以喘息的瞬间去沐浴于阳光之中，听听音乐、带着狗散步、读一首诗——对日理万机的领导者来说，这样的瞬间既短暂又难得，但如果自己能全身心地沉浸在这些瞬间当中，那么让你重新焕发的种子就已经播下了，它将给你带去状态良好的一天。

有位女性领导者是这么解读这条准则的：“在进行战略规划时，

这条准则能让我们在结束一段规划时，感觉到自己可以带着比讨论之前更加鲜活、更加焕发的状态继续往下走了。”

另一位领导者则说，这条准则的头四个字“是有可能”带给了他最多的启发：“即便是在一些全体美国人都很关注的话题中，我也感到在这个国家里，人们之间的对话越来越不文明，大家的共同基础也越来越薄弱，但我仍旧相信无论是在情感上还是道义上，我们仍未远离一些共同的价值观，我知道，‘是有可能’的事都是要先‘发乎心’后再‘入于脑’的。我也会害怕随着日子一天天过去，那些‘是有可能’的事，尤其是与生态环保相关的事，正日渐变得越来越不可能做到了。当然，我知道生活就是这样，是会有很多的‘落差之殇’，而将自己立在这种现实与可能的差距之间，正是我们人生的立足之本。”

以今天来看，解决问题不太可能只靠领导者一人，领导者必须带着大家一起理解问题之所在，在提问并理解问题的内涵与外延、重新思考人的角色定位、挑战人的舒适区的这些过程中，大家都会觉得有压力，这需要领导者有引导的技能，为大家护持一个解决问题的空间。

——德博拉·赫尔辛，安妮·豪厄尔，罗伯特·凯根，丽莎·莱希

1.5 护持空间

为愿景和宗旨护持空间，让其他人能在这样的空间中把事做好，这是领导者的职责。一个好的领导者能为大家护持对话的空间，尤

其当大家面对难题观点不一时，领导者要能邀请大家完整地呈现自己的能力、思想、能量，在帮助大家发掘自己内在的过程中，需要领导者果断地把这样的场子搭起来。

本书的引言部分提到莫妮卡·沃莱恩通过研究发现，勇气也存在于人与人之间的空间里。当我们带着觉知去营建人与人之间的空间，为身处其中的人激发想象力时，我们可以在两个层面上同时帮助大家：一是大家会从中获得勇气，把自己的新东西带进来；二是人与人之间也会有新的东西被带出来，如诗人温德尔·巴里（Wendell Barry）所说："我们所需要的，此时此地都有。"

作为个体，人内在的东西很根本，也很重要。然而，当通过人与人之间的对话带出了清晰、智慧时，为大家所共识的更全面的真相将在这一圈人中间升腾而起。于是，在这其中造就的信任就将催生出勇气，人会在行动中找到正直与勇气。

想象一下，把这 11 条圆圈准则合在一起，它们一同构筑出的空间能让对话得以发生，让创造力得以从中涌现。领导者通过这些准则护持出的空间，不存在教条，也没有限制人手脚的规则。就每一条原则来说，字面如何表述并不重要，重要的是这些表述背后所传递的东西。

1.6 走出自己的路

我们提到的这些准则都是试金石，不仅可以成为一群人在一起时的指导准则，也可以在日常生活和工作中很好地帮到你，让你以更"临在当下"的状态来应对压力和挑战。就个人领导力而言，你可以设想这些准则（试金石）是可以垒在一起的石块，可以垒成一个放在你案头的小石塔。在你日常的忙忙碌碌中，这个小石塔会提醒你留心言行。正如很多人在垒石祈福时所做的一样，你需要明白这些不同的石块是通过微妙的平衡才能垒在一起的，至于如何垒，每个人都需要找到自己的方式。

另外，本书后面将要提到一些领导者，他们可能并不一定总能说出表达这些准则的文字，因为他们早已将其融入自己的言行之中了。知道该以什么准则来要求自己领导者的言行是一回事，而将这些品质融入自己的内心是另一回事。在这方面，没有捷径可走，这个“内化于心”的过程需要时间、需要人有意识地去做。在“勇气之路”上，我们将淬炼真实、寻找真义、探求完整，这是一条与生命等长的路，既需要自己做功课，也需要和伙伴一起。但愿本书的文字能启悟你去以自己的勇气走出一条属于你自己的路。

第2章

领导者的内在功课

救赎人类世界的出路不在他处，而在人的心中，在于人之反省，在于人之谦逊，在于人之责任担当。

——哈韦尔[①]（Václav Havel）

帕特里克·赫森（Patrick Herson）从小就想当医生，他自己、他的姐姐和妹妹都是由那个小镇上的全科医生接生的，父亲常给他讲这些医生的故事。帕特里克说："我感受到一种使命的召唤。我并不是因为医生救护了我们而膜拜医生的职业，就是一种自然而然想做医生的想法。"帕特里克从医多年，乐在其中，他接生的婴儿超过5000多名，还同时承担了管理职责。随着时间的推移，他做执业医生又兼管理的状态很不好，难以两者兼顾，他发现比起自己亲自治疗病人，他还是更想做一名引领他人的领导者，这能在更大程度上去关注病人的福祉。于是他成了一名医疗主任，管理着明尼苏达州600多名医生，带领着这个医疗团队经历了一段动荡的变革，有时候他觉得是他在"拖着"大家前进。

"在职业生涯早期我还亲自执业的时候，做好病患工作是很不容易的。"帕特里克举例说，比如实施疫苗接种、脊椎穿刺术、在接生

① 哈韦尔（1936—2011），捷克作家、剧作家，捷克斯洛伐克社会主义共和国总统（1989—1991年在位），捷克共和国总统（1991—2003年在位）。——译者注

时因为婴儿状况危急来不及进行剖宫产手术就得让婴儿先行出生等，“类似像这样的事都有一个了结的时候，比如完成了病人情况的处置、病人的情况向好的方向发展等，通过这些就能判断事情已经了结。”可自从担任医疗主任之后，他觉得对于自己所做的那些领导和管理工作能不能带来更好的结果，反倒没了把握。这种情况下，要如何带领团队，也带领自己走下去呢？

帕特里克明白，想要完成这样的变革，他需要在智慧、心灵、技能上有所成长才行，他也需要其他一些在慧智和心灵层面上与他相仿的领导者来彼此支持鼓励。帕特里克报名参加了我们为期6个月的“勇气与新生”领导力培训项目，想让自己得到一些成长的养料。后来，又发生了在他意料之外的事，忽然之间他又被提拔做了掌管2000多人的代理主席，这下他越发需要支持了。

“在我就任的头两周，我觉得自己都被肩上的责任压扁了，我好像站在一个十米高的跳台上，正准备往下跳水，下面的泳池仿佛是一个象征，象征着我需要将完整的自己全都带到领导角色中，我需要由内而外地活出自己的人生，我需要将内心火热的激情带到这个角色的变化中。记得当时我自己对这些是清楚的，我也可以选择往后退，从那个跳台上退下来，沿着楼梯走到下面，悄悄地钻到泳池里。从很多方面看，这样做更安全，也不会让自己难堪，可以投机取巧地开启我的那段履新经历。然而，我还是觉得自己需要助跑跃起、纵身一跳。”

帕特里克就这样纵身一跃，带着谦逊跳进了自己的新角色里。“我常对团队伙伴们说，现在我自己不再执业了，成了团队中最没用的员工。给病人提供医治的是我们这600多名执业医师、执业护士、医师助理、接生员，外加其他医生、护士、医务助理、检验科室的工作人员、X光科室的工作人员等。而我作为领导者，职责是去描绘好我们该如何医治病患以及能做到何种程度。”

帕特里克把自己这一角色比作悉心照料花草的园丁：“花园应当是什么样的？什么才是病人所需要的？我们能给人们提供些什么？我不能拔苗助长，我能做的就是照料好花草，把所需的都备好。播下良种，需要时浇浇水，然后就静心观察，看会有什么神奇的事发生。”

帕特里克说为了好好地“照料”，他尝试了一系列的做法和理念，而这些都始于自己的“新生”：“刚开始的那段时间，我先让自己慢下来，‘慢下来’是我自己领导力中所需的重要一步，这样就可以让大家跟上我的步伐，也让我自己能跟上我自己的思想和念头。我开始更有耐心了，学会往后站一步，多看看发生了什么情况。”

为了让大家一起参与领导，他还引入了很多具体的做法，这些做法也开始起作用了。有很多员工，包括医疗主任、诊室的行政管理人员、医师、接生员在内，也开始参加一些与“勇气”有关的培训课程。他引入的做法开始在整个组织中获得了做下去的惯性。

“圆圈准则我们时不时也会用到，虽不是时时都用。当我发现大家开启了一个相当敏感的话题或是某话题与我们工作有重大利害关系时，我就会暂停大家平时习惯性的做法，转而开始运用信任圆圈法。这对大家来说是一个信号，说明大家正在进入一种不同以往的谈话场域，说明我需要大家在谈话中带上不同以往的觉知。这种做法很不错，让我们能停一停，回顾一下几条圆圈准则，然后再继续解决问题。”帕特里克带着意识，把这样的对话组织好，以让参与的人们能有一种安全感。另外，提倡好奇心、开放且真诚地提问，这些也能鼓励参与的人将工作中最真实的疑虑和担忧表达出来。

“我常鼓励大家践行‘转念去想想’这一准则，自从大家这么做之后，我发现评判少了、探询多了，对话的质量也大为改观。”人们之间的互动被更多地导向去了解：“你为何是这么看待这个问题的？”“你提出的这种做法为什么有助问题的解决？”

“我们最近遇到了一个战略上的挑战，是我们和一个大学的部分机构进行合并的事。有一天，我们的首席执行官做了与之相关的一场讨论之后，觉得自己的状态很不好，感觉自己像落汤鸡一样。于是我给他发去了玛丽·奥利弗[①]（Mary Oliver）写的《旅程》[②]（*The Journey*）这首诗。这位首席执行官在回复我时，这么写道：'这首诗真好，帮我从新的角度看了一下我们正在经历的事情。'"

领导者带着同理心的一个小举动，就能鼓舞人，这还只是一个小例子。他说："在需要时扶一小把，帮助人从另外的角度来看待事情，而不是我自己跑上前去生拉硬拽地大操大办。"正是由于他这种不知不觉中的以身作则，在他自己需要得到鼓舞的日子里，他也得到了很多回馈。

有一天，帕特里克给大家带来了一首诗，莱内·马利亚·里尔克（Rainer Maria Rilke）[③]的《去探索渴望的极限》（*Go to the Limits of Your Longing*），其中有一句"这些感觉都不会是永远"。帕特里克自己第一次读到这一句时，并没有太多感触，而就在那天上午当大家的讨论陷入僵局时，这一句诗却带着善意回流给了他。

"我们当时正在进行艰难的讨论，谈到于我们而言非常重要的东西，但进展很不顺，我于是觉得有些沮丧、有些慌乱了。这时我们团队里有位医师对我说：'帕特里克，忘了刚刚那首诗吗？这些感觉都不会是永远。会好的。'原来，我们之前读的这首诗在这位医师这里并未转瞬即逝，不仅如此，她还又把它送还给了我，于那时的我而言，它就像是救命的稻草一样，让我心里暖暖的。"

---

① 玛丽·奥利弗（1935—2019），当代美国诗人，以书写自然著称。——译者注

② 关于《旅程》这首诗歌的简介，可参见本章"诗意唤醒"小节中的译者注。——译者注

③ 里尔克（1875—1926），奥地利著名诗人。下文引用了里尔克《去探索渴望的极限》中的诗句，其前后文如下："且让一切都沉落在身上 / 美好的、可怕的 / 你则只管前行 / 这些感觉都不会是永远。"（Let everything happen to you / Beauty and terror / Just keep going / No feeling is final.）——译者注

一个人的内在和外在是一致的吗？人们总会在心里揣度这个问题，孩子揣度着父母、学生揣度着老师、员工揣度着主管、病人揣度着医生、民众揣度着当政者……如果答案是肯定的，大家就都松下一口气，知道和自己打交道的对方，他的人性是完整的，自己也就敢于把自己投入与对方的关系及相关的事中去了。

——帕克·帕尔默

2.1 由内而外

领导者的内在功课需要通过人身上最有力量的器官才能完成：心灵。我们这里说的“心”是这个词的古义，即“人类自身的智、情、灵、意几者交汇的地方”。这个勇气交汇之所可以用莫比乌斯带[①]（Möbius strip）形象地表示。很多领导告诉我，他们在说话时手会不经意地画着一个倒“8”字形[②]，他们说这个形态能帮助他们察觉到自己的内在是如何在影响手头的事情的，能让他们特别关注到自身一些由内而外和由外而内的流动。

莫比乌斯带是对悖论现象的一种直观表示，代表了从分裂性到一体性的生活状态的演进。大家可以动手试一试：找一张纸，或裁或折或撕，取下一个长条形，准备好笔。以这个长条形的一面代表你外在的生活，比如你的形象、人设、扮演的角色和承担的责任、影响力等，请在这一面写下一些词，来形容你自己外显的职业的一面以及他人是如何看你的，也可以写下你在外在生活中感受到的一

① 1858 年，两名德国数学家莫比乌斯和利斯廷分别发现，一个扭转 180 度后再将两头粘接起来的纸条具有魔术般的性质：这样的纸带只有一个面（单侧曲面），一只小虫可以爬遍整个曲面而不必跨过它的边缘。这种纸带被称为“莫比乌斯带”。——译者注

② 这里说的倒“8”字形即类似于数学中表示“无穷大”的符号∞，上述的莫比乌斯带的外观形象也类似于这个符号。——译者注

些迫在眉睫的压力、挑战、问题等。在这些内容当中，有哪些会让你觉得特别，让你觉得有种力量感？而哪些则相反？以这个长条形的另一面代表你内在的生活状态，比如价值观、信念、思想、希望和恐惧等，在纸带的这一面也写下一些词来形容你个人的内在、不为外部所见的状态，以及你所爱的是什么，你所为之奋斗的是什么。

现在将这个长条形放在手里，你只能看到其中的一面，翻过来，又只能看到另一面。思考一下你所写的内容，想一想为什么会这样。这两面似乎是相互割裂的，但有没有其他可能呢？悖论的东西，其实并非相互割裂。人在出生的时候，还没有分割的概念，是个全一的整体。我们从新生儿或幼童身上可以看到这一点，他们眼中的光尽显聪智，他们的哭全因不适，他们的笑全因愉悦，这时“所见即所得”。当人长到了青少年时期（有些人则更早些），人会开始把内在变成一个安放脆弱和柔软的地方，当我们意识到外面世界的危险时，我们会垒起心墙，将内在这些珍贵的东西加以保护，不让来自外部的审视触碰到那最为自我的部分，认为这么做便可以带给我们安全感。我们私底下的恐惧、热忱、自我怀疑、犹豫不决，都被我们雪藏，不许外露，唯恐让自己难堪。

而当我们再长大些，就等于把这个长条形两端相粘，形成了一个圆环，导致内在的东西只在里面、外部的东西只在外面，每一面都有着一系列的体验，可每一面又都是孤独、封闭、割裂的。我们用一个词来形容这个阶段——“中心化”（centering）。中心化的生活状态比之前那种二元化的生活状态更加不堪——我们会昭彰自己觉得正确的东西，我们“团结一致对外”地将内心觉得正确的东西局限在自己熟悉而舒适的领域，排挤那些“非我族类”或刺激到自己的东西，这也导致如果我们自己不主动把其他的东西请进内心，就已经无法用敞开的心扉面对世界的其他部分了。

但其实还有另一种活法。我们把手中这个长条形先展平，一端不动，另一端扭转 180° 之后再将头尾相粘，这便是一个莫比乌斯带。如果用手指着在这个环带上沿着其中一面的路径往前走，你会发现它在三维空间里只有一条路径，即这个环带只有一个面！如果哪天你的生活状态也变成像这个莫比乌斯带一样，你就将重获人生而有之的“一体性”。

当你的生活状态像莫比乌斯带一样时，你是**什么样的人**与你在**做什么样的事**是相连一处的。想象一下我们以这个环带象征的做法去生活和领导。在有些日子里，你轻松惬意，没什么东西搅扰；而在有些日子里，你在一个赛道上拼命地奔跑；在有些日子里，你进退维谷、无所适从；在有些日子里，你觉得自己就要从环带的边缘坠落，只靠一根细线或仅靠自己的几个手指头撑着……但如果把这个只有一个面的莫比乌斯带想象成你的领导力成长之路，你就会发现虽然有这些艰难的日子，但你依然能向上生长。

如果我们有意识地将“两面”像莫比乌斯带那样两端相连时，就能得到一种一致感，让生活状态流动起来，而信任就是连接的胶水。人的内在状态会影响人在外部世界的呈现状态，而外部发生的一切或好或坏的事，也会回流到人的内在，到人的内在进行处理和整合。其中最为重要的，不是同时考虑两面，而是持续地做整合，让其中一面映照另一面。在这么做之后，对领导者来说，不仅能给生命带来很多的变化，还能造就很多生机。

2.2 心之所在

由心而生的勇气鼓舞着帕特里克及其团队成员一起，将病人放在他们医务工作的“心”中。“以这个信念为出发点去做一名领导者很妥当，因为这样的信念对想在医疗卫生行业工作的人来说是一种自然而然的理念，把我们管理的模式和重点放在这个理念上而不是账务数字上，对管理来说是非常有帮助的。”

关于领导者该如何“用心”，帕特里克说：“不必雪藏自己的激情和人生内在的东西，而是把它们带到现实中来。就算不这么做，这些东西已然在那儿，会以不同的方式显露出来，那为什么不光明正大地活着呢？”

和很多领导者一样，帕特里克敢于把自己的“心”挂在胸前。很多医务工作者在谈及自己为何有志进入医治病患这个行业时，都很愿意将自己内心最柔软的一面展露给同事——他们当中有人是想和受抑郁症困扰的病人站在一起；有人是想要提高乳腺癌的筛查率，因为自己爱的人曾受困于此；有人是想控制高血压和糖尿病的发病率，因为自己有家人曾因此罹难……当情感的屏障和界线将医务工作者和他们所从事的工作隔开时，大家工作的热情就会减退，而当我们去聆听医务工作者他们自己家里曾发生过的病痛，在对话中听他们把这些事讲出来，会有助于帮他们克服工作热情减退的现象。

“在我们进行战略规划讨论时，听到这些令人心碎的故事，也听到其中人内心燃起的希望，这时我们所做的战略决策就不再是那种冷冰冰、不近人间烟火、只依据医学流行性和发病率的决策了。这时我们所做的变成了‘我们之所以想把这方面的业务做好，是因为像我女儿那样的人群就可以得到更好的照护，能活得更好、更健康；我们之所以要做好筛查癌症的工作，是因为像我母亲、姐姐、女儿、祖母那样的人群可以更长寿地活着’。”

这个世界需要这样既有能力又带着“心”活出来的人，他们日复一日、夜复一夜地辛勤劳作着。让自己曾经心碎过的和自己矢志要做的在心里相拥，就能让我们的内心经得住任何苦痛、任何复杂的考验，因为无论遇到什么事，我们的心依然会站出来，让事情变得不一样。

像帕特里克这样的领导者，不仅实现了自己的内外一体，也让他们工作中的同事、他们工作所服务的对象领略了他们的内外一体。是领导者自己内在进行的这种心与脑的对话、领导者带领工作伙伴进行的这种建立信任的团队对话，引发了洞察，共同造就了这种内外一体。

人类诞生在人与人相互交织而形成的生态之中，人也是为这样的生态而生的，没有了这种人与人之间形成的生态，人会枯萎凋亡。这个道理很简单，但其意义却很重要：让人与人组成社群，已经不能叫作一项任务了，而是我们要走过去迎接的一份礼物。

——帕克·帕尔默

2.3 走向社群

领导之路是一条会让人孤独的路，但你可以让它不一样，你可以建立人与人一起前行的社群，这个过程不仅需要能力，还需要人走向社群，把社群视为礼物。承认自己需要有社群的支持，这个想法自身体现了人的“社交之勇”，因为这将使你走向真实。很多领导者不愿意承认自己需要他人的帮助，不愿意承认自己也是有情感的，他们把谦虚当成了软弱。要让自己接受这样的想法，需要人进行内在的功课，需要在自己身上产生一种“与人联结的能力”——要和人身上“反联结”的力作斗争，与自己身上的孤芳自赏、自以为是、嫉贤妒能、一争高下的行为作斗争。

人的一生纷繁复杂，人生路上有些地方会有同伴成群，有些地方则没有。在一生中，有些时候你的身边会幸福地环绕着同事、朋友、家人；随着时过境迁，可能将再次孑然一身。社群不是总会出现的，出现了也不会一直存在下去。社群的存在需要人时时去打理，就像花园一样，想要它四季繁茂，就要小心照料。

“我发现大家在一起工作时的乐趣不足，于是我决定召集一个‘快乐委员会’，一共三个委员，我们三个人一起到酒吧里用几个小时时间开了筹划会议。我们给每个季度都筹划了一次活动，或让高层管理团队来参加，或让高层承办而让其他管理团队的人来参加。这种打造社群的感觉特别重要，今年上半年我们的工作面临一些挑战，而这些活动起到了很好的助益。”

营建社群也是自我关爱的一种方式。为此，帕特里克采取了一种“适应型领导力”的做法，在每天、每周、每月、每年的生活中，为自己找一个可以呵护自己的空间。“一般人都会觉得在自己满满当当的日程表中已经安插不进什么其他事情了，但我这种做法并不需要额外做什么，只是让自己在做手头某件事时带上更多的觉知。”他每天早上洗澡时或是在教堂祈祷时，都去感知“这个呵护着我的空间”。

“我每周都和一个伙伴打壁球，我觉得这也算是一个‘呵护着我的空间’。于这位伙伴而言，我球打得太糟了，但这毕竟只是打壁球嘛。我还有一群一起打扑克的伙伴，我会不时停下来环视桌子四周的这5～15个人，心里想着：‘这也是个呵护着我的空间，此刻这些伙伴和我都坐在同一条救生船上。’”

帕特里克会建议他团队的伙伴们：“如果自己还没有这样的社群，也可以自己去建立，去找到自己的方式，这些都只是举例。不要想着自己做不到，做法有很多。”

应对当今社会中最为棘手的难题，需要进行深刻的变革，这需要一种不同的领导者，一种能触发集体领导力的、运作于系统面上的领导者。

——彼得·圣吉（Peter Senge），哈尔·汉密尔顿（Hal Hamilton），约翰·卡尼亚（John Kania）

2.4 营建信任

帕特里克在团队中营建的信任，不时也通过很积极的方式回归于他。有一天，他们召开了一个全组织范围的大会，有一千多人参加，代理 CEO 正在跟大家讲招聘新一任 CEO 的流程。当时帕特里克手下一位管理者举手问了一个非常尖锐的问题，批评了这种招聘的方式。

帕特里克接着讲到了后面发生的事："当代理 CEO 给出回答、这位管理者也落座之后，旁边有一位女同事说道：'如果在我们部门，问这种问题的后果就是被开除。'而我手下的这位管理者却这么回应：'这在帕特里克管的部门里，绝不可能。'当我听到这段对话时，心里就想：'这才是大家一起共事时所需要的信任呢，这样工作中才不会出现那种'被动攻击式'[①] 的行为。关于我们如何做事、如何服务好病患，如果觉得有相当重要的话要说，都不能藏着掖着。'"

帕特里克说他现在对信任有了更多的觉知，对圆圈准则提到的

① "被动攻击"（passive-aggressive）是心理学术语，这种行为的表现是，当内心因某些事情充满怨恨或者愤怒时，不直接表现出来，却在暗地里通过敷衍、消极怠工、不支持、抱怨等方式，以消极的、恶劣的、隐蔽的方式发泄自己的不满情绪，以此来"攻击"令自己不满意的人或事。——译者注

一些做法，对自己的一些领导理念是如何营建并护持着安全空间的，他看得很清楚了。“我能感知到由此打造出来的信任，并小心地别让自己糊里糊涂地失去大家由此产生的信任。”

可以把组织或机构想象成一个“放大了的”莫比乌斯带，大家常觉得是组织有问题，却没人看到组织中的政策、决策、系统、组织文化等方面的问题其实都是身处其中的人的产物。愿意在组织中开启难以开口的对话、让诚实的争论和不同的想法有处可诉，是一种彰显勇气的行为，需要人有完整、正直的状态才能做到，这些行为当然也会带出他人的完整、正直。用崇高的愿景和宗旨来让大家对标和校准，就能带来上下一心。这个校准的过程不是下达行军令，当我们邀请大家把最好的自己带到共同在做的工作中，一起参与创造和实现愿景的过程中，自然就会延伸出对于这种校准的需要。

帕特里克把真实的自己、圆圈准则以及诗歌带到了工作中，这是他在文化变革上所做的大胆尝试，为此他也很有耐心。他明白所谓领导者，就需要去营建和培育这样一些值得人产生信任的条件，而他自己也需要以一名学习者的姿态参与其中。

你所工作的地方文化如何？在你们组织当中你们进行对标校准的过程是怎样的？

2.5 诗意唤醒

很多领导的过程充满着对彰显人性的要求。通常是我们那显著的内在写照和内心的阴晴圆缺，让我们身边的人和事发生了苟日新日日新的变化。而要让他人触摸到我们内在在想什么、感受到了什么，最好的做法并不是用直来直去的方式表达，而是借助一道并不为很多领导者及组织所熟悉的“边门”——诗歌。诗歌能触达我们身上的某些东西，某些一般人很少将其带到领导力中的东西。

和很多领导者一样，帕特里克也发现诗歌变成了他手中的一个重要工具，既可用于自我反思上，也可用于与同事们的联结上，帕特里克甚至还向患者们分享诗歌。

他说："在我自己还亲自执业的最后一段时间，我会把诗歌当作药方开给患者。我记得特别清楚，有一次，一位女患者由于丈夫的不忠而经历了一场纷乱的离婚，她想让我给她开抗抑郁的药。我对她说：'其实你需要的是抗痛苦药，可世界上没这种药，不过这首玛丽·奥利弗的诗可能会对你有所帮助。'（我给她的是《旅程》[①]）我们之间的对话也因此进入了另一个境界，面对着她的痛苦，我也不会觉得那么无能为力了。"

另一个是关于韦尔斯利学院的已退休校长戴安娜·查普曼·沃尔什[②]（Diana Chapman Walsh）的故事。早年间她参加过帕克带领的一个退思会，那次退思会把她自己内心住着的诗人解放了出来。当她就任韦尔斯利学院的校长时，在就职前一晚举办了由有着不同信仰的人参加的毕业礼赞，她邀请帕克过来做演讲。"帕克给大家朗读了玛丽·奥利弗的《夏日》（*The Summer Day*），这首诗很美，最后几句是：'告诉我，对于你只有一次的不羁而珍贵的生命，有什么是你

---

① 关于这首诗作者的背景请参见本章前文的译者注，这里列出与这段故事相关的诗句节选，以供参考："但渐渐地，／你将他们的声音抛在身后，／星星穿透云层／散发光辉，／有个新的声音出现／你慢慢意识到／那是你自己的声音，／伴随着你／当你越来越深地／步入这世界，／决定去做／你唯一能做的事——／决意拯救／你唯一能拯救的生活。"（"But little by little，/as you left their voices behind，/the stars began to burn/through the sheets of clouds，/and there was a new voice/which you slowly/recognized as your own，/that kept you company/as you strode deeper and deeper/into the world，/determined to do/the only thing you could do—/determined to save/the only life you could save."）——译者注

② 戴安娜·查普曼·沃尔什是韦尔斯利学院的第 12 任校长，业余喜欢写诗。韦尔斯利学院（Wellesley College）是位于美国马萨诸塞州波士顿近郊卫斯理镇的一个特殊的高等学府，只招收女生而不招收男生，故而它也叫韦尔斯利女子学院，是著名的"七姐妹女子学院"之首。韦尔斯利学院致力于培养改变世界的优秀女性，许多著名女性从这里走出，包括宋美龄、希拉里·克林顿、马德琳·奥尔布赖特以及中国著名作家冰心等。——译者注

打算做的？'" 帕克讲到了自己和诗歌之间的故事，然后他对戴安娜说："这个世界需要诗人校长，就让你内心的诗人一直鲜活下去吧。"

两年后，戴安娜开始感到了校长角色的重担，她要学的东西太多了。她找了一个周末来到帕克及其妻子莎伦在麦迪逊市的家与他们共度。"刚到他们家时我就对帕克说：'帕克，我内心的诗人已不再鲜活，我时间不够，有太多要学的了，我让你失望了。'他听了我的话。后来我们一起散步，走了很长一段路，在路的尽头，他以那特有的轻柔的方式对我说道：'我想你是不是也可以从内心里把校长要处理的那些事也当成诗一样来看待呢？'"

"这句话让我重新看到了我工作的本质，太让人震撼了，帮了我大忙。总有太多的搅扰让我们远离了自己最深的渴望、最真的洞察，我们需要时时刻刻找到归路，在我的这个故事中，是帕克的话让我找到了归路。"

诗歌可以帮助领导者把其内在和外在的生活重新联结形成一个莫比乌斯带，它提供了一个天然的支点，让领导者慢下来，为自己、为他人拿出一些时间，让自己有时间反思，让大家有时间反应。朱迪·布朗（Judy Brown）[①] 是我们勇气与新生中心认证的一名引导师，也是一位诗人，她在谈到诗歌和领导者之间的关系时说："领导者之所以会被诗歌吸引，是因为诗歌道出了他们内心已经有但又不想直接说出来的心声。当我们把一首诗读给其他人听或是引用里面的诗句时，便是想让其他人通过诗来理解我们。但我们同时也会带进大量自己的东西，这时我们无异于是在对其他人说：'这首诗打动了我，诗里有我很珍重的东西，我想念给你听。'这既是把一些东西献给他人，也在借此袒露自己——在这个人并不总能做真实的自己、有时做真实的自己可能还会有风险的世界里，领导者却可以通过诗歌，

---

① 朱迪·布朗，美国诗人、领导力方面的教育者、作家、演讲者，专注于帮助人发掘自身天赋以及彼此联结方面的工作。——译者注

对外公开一个真实的自己。”

诗歌触碰着人大脑的特殊区域，给我们司空见惯的思路以一个创造性的打断，诗歌沟通着我们的心灵。W.H. 奥登[①]（W. H. Auden）曾有一句著名的戏谑：“诗，没让什么发生。”诗人威廉·阿约特[②]（William Ayot）则认为奥登大错特错了：“在我们通向‘不可见’的那个世界的路上，诗歌让我们最直接、最无遮拦地触碰到那些赋予了人生命意义及深度的东西——人的心心相印、人的天马行空、人的奇思妙想，这当中有些是人眼见不到、人言说不出的，诗歌却让我们可以通达到此。诗歌能把我们从左脑迷情（左脑被认为支配理性、推理）中解救出来，从目光短浅、就事论事、简化还原和一板一眼中逃离出来。”

阿约特还提到朗读诗歌时所带来的能量：“它让念的人和听的人都各有所得，最神奇的地方在于，这能让迥然不同的一群人走向一种共有的宁静，这宁静深沉而发人深省，被贵格会[③]称为一种‘感同身受的沉静’，非常神奇。”

帕特里克的故事中蕴含着很多重要的理念，有很多领导者在勇气与新生中心的启发下、在帕克·帕尔默的文字和智慧的影响下也看到了这些理念的重要性。在本书后面，大家还会再次遇见这些理念中的一些元素，例如，更加自觉自知、营建社群、通过诗歌和其他艺术作品来探寻宗旨与意义、如何进行好的提问和聆听，等等。

---

① W.H. 奥登（1907—1973），现代诗坛名家，被公认为是艾略特之后最重要的英语诗人，1968 年获得诺贝尔文学奖提名。——译者注

② 威廉·阿约特，英国诗人、作家、老师，曾荣获多项殊荣，是“奥利维来神话心理剧”管理咨询公司的联合创办者，通过故事情节、戏剧扮演、仪式等方式来教授领导力课程；他目前在欧洲工商管理学院（INSEAD）教授《高级管理课程》，是牛津大学赛德商学院（Saïd Business School）的一名“在校诗人”，他的工作坊和研讨课多关注个人成长方面的课题。著有三本诗集《大大的小小事》（*Small Things Matter*），《继承》（*The Inheritance*）和《灵魂发来的电邮：精选领导力诗集新编》（*E-mail from the Soul: New & Selected Leadership Poems*）。本书在第 3 章中还将全文引用他的一首诗歌。——译者注

③ 关于“贵格会”的简介，可参见本书“致谢”部分的译者注。——译者注

这些内容都旨在营建一个充满信任的空间。这些在人与人之间营建信任的做法，刚接触时似乎会让人觉得有些怪，又似乎像莫比乌斯带一样神秘。本章通过一位具体的领导者的例子向大家展现了他是如何将这些元素慢慢整合到自己的领导工作和生活中的，后面的章节还会对其中的理念和做法进行更详细的拆解，帮助大家理解这些理念和做法是如何运作的。

第3章

遇见真我

那就是我身上的东西了——我说不上那是什么，但我知道它在我身上。

——沃尔特·惠特曼《我自己的歌》[①]

时至今日，埃德·弗朗斯（Ed France）依然还记得当年点燃了他激情、让他走上了如今所做事业的那一刻。那时他十几岁，到祖父母在密西西比州的家去玩，那是一个小镇，在这个远离商业喧嚣的地方，已听不到车水马龙的嘈杂，却有虫豸昆羽的高唱。

有一天，他去整理祖父的一个离家不远的木工工具店，里面堆放着很多工具、废木料和五金件，修理翻新房屋所需的东西在这里似乎应有尽有。当年祖父开这个店是准备把它当作自己退休后的事业来经营的，取名“迪克西实干木工店”。现在店门已紧闭，因为随着祖父年龄的增长，他的精力越来越不济了。

“这个工具店年代久远，但状况还不错，我当时就想，这是多大的浪费啊，里面的工具都闲置了。一边是店铺的大门紧闭，另一边是旁边的邻居们却住在摇摇欲坠的房子里，没有工具修房子。

① 惠特曼（1819—1892），世界著名的美国民主主义诗人，代表作品是《草叶集》。《我自己的歌》是《草叶集》中收录的最长的一首诗，共1336行52节，这首诗的内容几乎包括了作者毕生的主要思想，是作者最重要的诗歌之一，这里的这段引言出自诗中第50节的头两句。——译者注

“我于是意识到，鉴于祖父的固有思想，他是不可能把自己的工具和邻居们分享的，因为周围住的大部分是黑人。我在小的时候就知道这是种族歧视，那是一种根深蒂固的社会风气。那时大家对镇上的黑人都直呼其名，对白人却口称‘先生’‘夫人’；黑人也不能随意进到白人家里，除非是给那家人帮佣。

“当我想到这些，就有一种悲哀的感觉。其实年迈的祖父本可以将这个木工店向邻居们开放，允许他们到这里来借用工具。然而现实很残酷。”

埃德说，在他看来，让邻居们来借东西用是再平常不过的事，可某种心照不宣的规矩却告诉大家不可以这么做。“我依然记得，就因为有歧视的思想，东西即便闲置，也不愿给别人用，这让我心里很不是滋味。我希望自己能做点不一样的事，反其道而行之，更加包容接纳地来共享资源。”

埃德这个想在祖父所在社区做共享工具的梦想一直伴随着他。多年以后，加利福尼亚州奥克兰和伯克利图书馆的一些做法启发了他，他们的图书馆不仅能借书，还能借各种工具，像是在花园里工作所需的手推独轮车、梯子、电动工具、园艺工具等。埃德于是觉得自己的梦想有了实现的可能。“我喜欢从效率角度来思考事情，社区共享工棚将是个不错的主意，这样一个资源共享的社区也是我想要生活的地方。”

对这个梦想埃德是认真的。他开始工作后，最先在圣塔芭芭拉市做一些环保方面的事情，周末时和一群朋友一起骑自行车在城里各处提供免费修自行车的服务。这个城市生活成本很高，而且有很多低收入的工薪阶层，还经常发生拉丁族裔和白人之间在文化上的种族隔绝，这些都被埃德看在眼里。“在这里，很多人都没法拥有一辆好的自行车，甚至连修车的工具和零件都匮乏，可与此同时很多人又都是靠自行车出行的。”

埃德于是开了一个社区自行车修理及二手车商店，名叫“自行之心”。两年后，“自行之心”与一个名为“圣塔芭芭拉自行车联盟”（SBBIKE）的志愿者机构合并了。这家机构已有 21 年历史，主要工作是号召人们广泛地将自行车作为安全的交通出行和休闲工具使用，由埃德出任合并之后的机构总干事。成功从不会从天而降，通往成功的路上充满了成长之痛，在这条路上，埃德几乎就要累垮了。

这次合并带来的挑战是不同文化的冲突，历史较为久远的这家机构里的人将自己的工作主要定位在出席一些公共聚会、进行倡议宣传等方面；而另一拨年轻人则将自己定位在发起一些社区活动项目上。合并之后，在组织层面上也经受了类似的成长之痛，此外，运作方面也不顺利，还有基金短缺的问题。他们机构租用的办公楼几乎不要钱，但这个像危房一样的建筑对在这个机构工作的伙伴来说就是一种打击，这个志愿者基地如此不堪，对于像他们这种需要依靠大量志愿者才能运转的机构来说更是很扎眼。

“这里就是一种破败凋敝的感觉，仿佛周围社区的人都没把我们所做的事放在眼里。我第一次有了那种愤恨的感觉，我想：‘这不明摆着周围社区的人并不稀罕我们所做的这些事。’可过往几年的经历告诉我肯定不是这样的，但眼前的这些还是让我有了这样的感觉，而且这种感觉还开始成真了。”

他被这种打击折磨着，但对所做的事依然非常投入，机构里发生的大小事他都亲力亲为，这也导致他的生活走向了割裂，如噩梦一般。他追在各种工作目标后面拼命奔跑，平时上班开会到很晚，周末还要出席各种活动。六年中他几乎都没有时间安排自己的个人约会，也没时间社交，没时间上培训课。

“连最基本的自我关爱都做不到，显然不是什么好现象，长期来看这是以牺牲未来为代价的。我自己的管理风格是，要求自己随时都在场，时时都得扛起大梁。我的妻子还没跑掉真是个意外。”

在所有这些之外，他还有一些人际方面的担子，因为他总想在伙伴和志愿者们需要的时候出现在他们身边。“我不是那种把事做完就了结的人，也做不到一到点就下班——‘好了，大家自己把事做完，我先走了’。每次和人一起共事，看到他们遇到的挑战以及他们的挣扎，我就会想要为他们做点什么，可日程表上已经安排不进这么多事了。当人对自己想要做的事充满激情时，这激情仿佛像是伴随着电闪雷鸣的疾风骤雨一般，其中的力量无法供人细水长流地安排着慢慢使用。那团激情之火也可以灼身，让人没办法好好看清楚自己到底在做什么。到后来，当发现周围其他人并没有与自己相同的这份激情时，自己又会像个泄了气的皮球一样。”

恰好就在埃德跌到谷底的时候，他参加了当地一个勇气与新生方面的培训课程《领导的勇气——非营利组织领导者专场》（*Courage to Lead for Nonprofit Leaders*）。埃德承认，他连这种关爱自己、让自己焕然一新的时间都很难挤出来：“本来就已经在那么多事情中忙得团团转了，好像不该停下手头的事来参加自我反思的培训。不过，找时间进行一些反思的确非常重要，它创造的空间可以帮人提高情商。”

埃德说，那里的他从工作中脱身出来，就好比踩下了汽车的离合器：“你突然间脱开了所有那些一直在赶的事，不仅有机会反思所做的事，还让人回归到儿时的一些经历中去想：‘让自己走到今天这一步的当初那一步是什么？’”也就是在这个时候，埃德回忆起了自己祖父的木工工具店以及他想要在社区做共享工具的初衷。在一系列以“勇气”为主题的退思会上，埃德重新链接上了自己那个与祖父木工店有关的梦想，这让他得以重视审视他是如何将自己作为一个“人”带入他的领导者角色中的。回归梦想所产生的动力，让埃德在退思会上想明白了一些事情，如今他所秉持的愿景是自主的精神和社会的公平。

“我以前开玩笑说我就是个‘总兜底人’，因为我的管理风格就是那样。不过现在我更把自己看作一个来扛组织愿景大旗的人。以前遇到同样的一些情况时，我会抱怨，怪大家还没能够集结在我们的愿景大旗之下。如今大家与愿景之间的关系比以前更加紧密了，因为我已经能够做到在人与人之间、在我自己的内在留出一些空间，去做愿景的扛旗人。愿景不是一句口号，愿景是你本着自己的精神而做出来的引领的动作。”

关于“圣塔芭芭拉自行车联盟”的愿景，埃德是这么描述的：“成员们都觉得我们在做的是一件好事，这也是让我们乐在其中的原因，这里面既有社群感，也有意义感。具体来说，我们做的是让自行车重获新生的事情，这就很棒。其中包括了很多元素——有资源回收再利用，有骑行运动，还有大家耳熟能详的环保方面的元素。对我个人来说，我酷爱骑行，每天都骑自行车。我们的愿景是自主——在社群中做到自主，与其说是‘我们能做到这一点’，不如说‘我们就是这样的人’，大家一起把它做成了。我自己在这其中如何把握自己、表达自己，我表现得如何，是这些体现着我们的愿景。世界是这么运转的，我们活出来的东西就是愿景。”

我们很少去问“是你身上的谁”在领导？这个“谁”对领导行为造成了怎样或好或坏的影响？在我们引领他人的过程中，我们如何做到持续不断地去看到这个“谁”，又如何让它不断地焕发新生？

——帕克·帕尔默

3.1 真实的“谁”

“勇气之路”的理念体系有一个基本前提，那就是认为每个人身上都有一个靠得住的内在的才智之源，它告诉我们如何生活、如何领导。它是我们自我认知的基础，也是人格完整的保障；它是人光亮面和阴影面的总和，它就是人的真我。人如果无法感知真我，作为领导者时也就无法做到真实。

在埃德的故事中，他也发现作为领导者必须清清楚楚地知道自己看重什么，自己可以贡献哪些独特的天赋，又想要做出什么样的贡献。领导者所需的强大和韧性，都发端于他所植根的那片土地以及他所坚信的东西，他会为之付出勇敢的行动。然而这还不完全，对自己做不到的事情，对自己身上的阴影所造成的问题，也需要有自我觉知并且接纳，韧性的另一部分就发端于此。这就是身心完整，它来源于对自己真我的认知。

《U 型理论》（*Theory U*）的作者奥托·夏莫（Otto Scharmer）[①]对人的这个内在是这么看的：“我们可以从外面观察到领导者的言行，但我们虽能观察他们如何行动，运用了什么样的战略和流程，却看不到他们的内在，而内在才是他们行为的源头。例如，他们的言行是真正发自内心的，还是只徒有言行却不曾动心，也不曾入心？他们的行为发源于怎样的内在是我们无法观察的。”

夏莫所提的这个内在包括但不限于人的智力、自我、情感、意愿等，对领导者来说，这个内在就是心中的那盏灯，是让人充满活

① 奥托·夏莫是“U 型理论”的提出者和创建者。其《U 型理论》一书提供了全新的审视世界的视角和一种革命性的领导方式，通过教人如何发现内在“三器”——打开思维、打开心灵、打开意志，并教人如何应对内心的三种阻力——评判之声、嘲讽之声、恐惧之声，让人得以有意识地接近“盲点”，通过“自然流现”（presensing）的方式学会与“真实的大我”这个知识和灵感最深层的源泉建立联结，以此来解决当今很多根源性的、深层次的问题。——译者注

力的能量，或者用霍华德·瑟曼（Howard Thurman）的话来说，这是“人身上发出的真实声音”，可以用很多不同的说法来表示——“真我”“灵魂”“内在智慧”“本质上的我”“自己的直觉”等。诗人、音乐家、神秘主义者用了很多方式来表达这个真正的本质，这就是人性，是我们把人表面的东西全都拿走后剩下来的东西。约翰·奥多诺休把它称作人身上的一种尊严——“它比渺小更优雅 / 它以恐惧和力量驱驰着我们”。这也是威廉·斯塔福德[①]在诗中所呼吁的，这是“一种声音，一种阴云密布之下的声音 / 是所有大家口中提及的一个遥远而重要的国度”。

虽然帕克·帕尔默常把这个内在称为“内心之师”，但他也常说，这个人性的内核叫什么无所谓。“但我们要给它一个名字、一个说法，这却是大有所谓的事，我们必须承认它的存在，如果连名称也不给，那么我们就失去人身上为‘人’的东西了，我们会把彼此当作空洞无物的躯壳或是可以贩卖的物品。当我们口称‘灵魂’‘人之所以为人’‘人的完整性’这些说法时，其中都透露着一种我们需要向之低头致敬的东西。在不同的文化、不同的传统中都存在这样一个词。”

真我除了包含所有生命的体验，其本身也是一个谜。那么如何才能深入地到达他人背后的那个“谜”里呢？在人与人组成的社群中，我们并不被要求让所有的相互关系都走向一种很亲密的状态，特别是在职场中。然而，我们必须知道且要对此心怀敬意，每个人都有一个非常本质的自己，有着无可否认的尊严与人格，这一点非同小可。

① 关于威廉·斯塔福德的简介及后文所引诗句出处，可参见本书“引言”部分的译者注。——译者注

人之为人的这个重要内核如何称呼，我觉得“心灵”一词也只不过是一个简称罢了，人需得经由这个内核才放射出人的信念、价值和行为。

——文学与文化评论家，玛丽亚·波波娃（Maria Popova）

3.2 走向真我

人的真我并不是由过往经历决定的，但人的经历中可能会隐含一些指向真我的线索，那么，如何才能走向波波娃所说的这个人之为人的重要“内核”呢？“真我”一词（用哪个词来表达这个意思都无所谓）可能已在一些人的日常中、在他们的宗教传统中为他们所熟知了，但埃德的情况却并非如此。当埃德开始学着反思自己所走过的领导之路，挤出时间来想清楚一些事情的时候，他并没有把这个过程看作在“关爱真我”，他只是说，“关爱真我”对于他的领导力提高必不可少，他把这样一个过程称为“内在探寻”。

“人的内在可以很深很深，人的大脑就像宇宙空间，本身就是一个星系，这里不只有神经之间的相连及其复杂性，关于我们自己的内在就已经有太多可以去探寻的了。只不过一般情况下人不太去做这样的探寻，而人对自己的自知也几乎都是在做其他事情时附带得到的收获。对领导者来说，进行内在探寻是非常有帮助的。”

其他领导者对此也表示了赞同。有一位领导者是这么说的：“人都有内心之师。于是我开始把身边的每个人包括我自己都看作一个有创造力的、总能想到办法的、完整的存在体，我们首先要看到这一点以及相信这一点。在这一点上的认识彻底改观了我的生命状态。”在这位领导者看来，所谓领导力，就是帮助其他人找到自己的力量之源，这个赋予了人力量的内在源头。

另一位教育行业的领导者说，她是通过回头读自己从 18 岁起开始记的日记来认知真我的，她从中看到了自己生活的主线："其中的主线不曾变，梦想也不曾变，关于我是谁的内核也不曾变。我可能会处于不同的年龄阶段、做着不同的工作、生活在不同的地方，可我的内心之师一直与我同在，一直提醒着（有时还很严厉）我自己是谁，我为何而立，我是否真诚地面对了我的本心。"

还有一些领导者则是通过自己身体上的感知来发现自己身上有真我浮现了。一位女士这么说："就像是联结到某种源头的感觉，其中充满了能量和力量，同时伴有一种静好。这个过程虽让人惶恐，却稳稳而来，那感觉像是在说'这就对了'。而且这种时刻通常发生在和很多人在一起的时候（有时也发生在我自己一个人写作的时候），且当时总有些'险情'发生。一个人与自己的内在完完全全地重合，这种情况也不是总能出现的，正因如此，当它出现时就特别震撼人，大多数情况下我觉得我自己与真我可能有 75% 的部分是重合的，但还达不到完完全全的重合。"

注意上面这位领导者的话里提到，当真我浮现时，常伴随着一种"险情"的发生，由此我们可以看到"真我"和"勇气"之间的关联。如果在人做决策或采取某种行动的当口，"勇气"成了我们那一刻生命活力的来源，那么情况会怎样呢？在阅读本书后续内容的过程中，大家可以关注一下这一点，看是不是会发现，每当勇气出现时真我也同时浮现了。

一个好的领导者会密切地关注自己内在光亮的部分与阴影的部分时刻在发生着怎样的进退，以免自己对外施展领导力时做了弊大于利的事。

——帕克·帕尔默

3.3 拥抱阴影

一方面，我们需要看到“人性中好的一面”，另一方面，走向真实的领导力也要求我们接受完整的画面，只有光没有影，仅从物理学上就能证明这是不可能的。

玛丽 - 路易丝 · 冯 · 弗朗兹[①]（Marie-Louise von Franz）是和荣格一起工作过的同事，她说人们总把“阴影”一词贬义地理解为是人“自我”（ego）当中黑暗的、不见光的、被压抑的一面。频频听到这样的说法后荣格都发怒了，说道：“完全是胡说八道！所谓阴影，就是人的无意识状态。”冯 · 弗朗兹继续解释道，阴影就是人身上不为自己所知的部分，人取了个名叫“阴影”，是因为觉得这很神秘。

从我们下面节选的威廉 · 阿约特[②]的《与阴影相度一日》（*An Away-Day with the Shadow*）诗篇中可以看到，阴影有时并不等同于邪恶，也可能是一些好的东西出了岔。

谁能想到病态行为竟在我们这儿如鱼得水，
可确是这样——就在大家身上上演着。
看那良善又喜欢给人支持的老板，
正把他年轻的团队食尽：
啃其骨，噬其髓，剥夺了他人成长的机会，
用他那无微不至的关爱和万事包办的行为。
看那头脑活络的激动人士，蹿上跳下，
用他那十五个新创意，
另加一个关于早餐的新吃法，

① 玛丽 - 路易丝 · 冯 · 弗朗兹（1915 —1998），公认为最杰出的荣格的继承者，一生致力于发展荣格的分析心理学。——译者注

② 关于威廉 · 阿约特的简介，可参见第 2 章译者注。——译者注

将同事们抛进绝望的轮回，
他的各种想法像转轮烟花一样四溅，
却从不让一个在时间中生根发芽。
看那嘴碎的伙伴，坐在角落里，
他就在那儿，就坐那儿，就这样看着事情千百次地做不出来，
正毒害着他号称他爱着的公司，
用他那愤愤不平，用他那害怕改变的恐惧。

阿约特诗中提到的这些人物都没有觉察到，是他们内在的一些不为人知的压力导致他们给周围的人造成了伤害:（1）“喜欢给人支持的老板”不相信其他人能靠他们自己内在的才智之源来解决问题;（2）“激动人士”没有给新创意一个生根发芽的空间;（3）“嘴碎的愤愤不平者”没有认识到变革并不会将人原先已做出的贡献化为乌有。

除了个体层面，阴影也可以出现在集体层面，冯·弗朗兹指出这还可以发生在家庭、组织、城市甚至国家身上。我们在种族主义、法西斯主义、民族主义、军国主义、极端主义以及其他很多反映在社会层面上的某种集体断层的现象中，都能看到阴影的存在；在“替罪羊”被迫背负他人的阴影时，在组织里的一些无用且不健康的行为习惯和盲点之中，在不透明、不公开的角落，也都能看到阴影的存在。这样的阴影妨碍了进步和发展。

然而阴影毕竟是人的一部分，因此我们也需要在心中留出一席之地，去看到阴影，让阴影降临。如果一味否认、仇恨、耻于、怨恨于我们自己身上的阴影，我们自身也便不会有治愈，不会有成长，做领导者时也不可能做到真实。

知道自己身上的阴影是一回事，将阴影表达并统合到生命之中则又是另一回事。冯·弗朗兹不无同情地说:“勇敢地接受自己身上

特别不被自己喜欢且已被自己压抑了多年的特质，是一种彰显着勇气的行为。可就算不接受，它依然会在暗中发挥作用……为了不让它产生不良后果，需要给予特别的关注与反省。”

这其中的内在机制，以及我们身上的阴影部分如何通过一些不经意的行为对我们的生活在暗中造成破坏，对此，我们作为领导者必须有所警觉。就像埃德，他直到接近累垮的边缘才被迫去好好地盘查自己，检视到底是什么导致了自己的失调。一旦我们面对和承认了阴影的部分，我们就能回到身心完整的状态，同时也能帮助他人呈现身心完整的状态。

关于“不畏于天”的阴影

帕克在《与自己的生命对话》一书中提到了五种笼罩在领导者身上的阴影：（1）对自身存在价值与身份的怀疑；（2）认为这个世界充满敌意和争斗，怕在与这个世界的斗争中落败；（3）不畏于天[①]，总觉得最终事情的成与不成皆是人力所为；（4）怕无序、怕混乱、怕不同意见、怕革新、怕挑战、怕变化；（5）对“死亡”的抗拒，例如，明明该斩断的项目却任其苟延残喘，又比如，惧怕失败，无法把失败转化为一种学习。

在埃德的故事中，他的工作模式和很多“不畏于天”的领导者的行为模式是一样的——这样的领导者一般都认为，如果有些事要正儿八经地做成，自己就必须是“成事在人”的那个人。这是一种无意识的、不为自己所觉察的内心写照，往往会带来诸如控制欲、沮丧感、压力、累倒自己、工作过度等问题。

“我父亲曾告诉我，‘如果你找到自己真正想做的事，你每天就

---

① 这里的意思并不是要人迷信神明的存在，而是指人需要对一些不为人所把控的、不为人所操纵的自然之道保有敬畏之心，这里的“天”并非指有神论下的神明，而是指“天道”（即自然之道）。——译者注

只用上半天班了’[1]。好吧，这里面的幽默在于，这‘半天’可是全天的一半——12 小时，可不是 8 小时工作时间一半，至少我父亲还能自嘲他自己的加班问题。”

领导者在进入一种创业的状态时，例如由他一个人来负责某个项目或业务时，从能力上看他是能事事都经手的，可这种想法后来却演变成了他必须事事都经手才行，还恨不得把那些要经手的事都提前完成。此外，这还将导致他们对所经手的项目或业务难以放手。

埃德说道：“明白自己有什么样的领导特质、了解自己有哪些内在的驱动力、调谐好自己的激情，去做你能做到的事，这是一种相当微妙、以深刻内在为中心的存在状态。我终于懂得，举起愿景的大旗并不等于要把一天中的每一分钟都填满。最后我给了自己一个空间，让自己以另一种方式来工作，一种比两年前好太多的方式。我的问题并不是没把工作做好，我的问题是工作得用力过猛了。”

3.4 真我带来的力量

由于完成了一些内在功课，埃德现在能够做到有意识地去感知与他一起共事的伙伴了，看他们是如何把他们自己的过往、他们看世界的视角带到日常互动中的。每当有人对一些做法提出质疑时，他也能够好好地听他们把话讲完——仅仅是深度的聆听而不是掺杂给别人提建议，埃德发现这样的聆听能让对方真正地接受一些东西，也能给对方以力量：“我现在相信，出了问题总能解

① 英文中这话句的意思是，当人找到自己真心想做的事并当作工作在做时，就会觉得其中至少有一半的活会因为自己乐在其中而变得不像传统意义上的“工作”，所以说，找到自己喜欢做的事，每天就只用工作“一半”时间。原意中的“一半”是指 8 小时工作时间的“一半”；在后文的幽默中，故意把“一半”解读为一天 24 小时的“一半”，以此来幽默地调侃工作过度的现象。———译者注

决，我信任工作伙伴们。有了问题，我们就积极面对，复盘并从中学习，为以后做好准备。这些都是在我过去的领导力中做不到的东西。现在可以了，因为我们现在在组织里的做法就是要给每个人赋予力量。”

“来与我们合作的人，对我们的愿景也不只停留在听别人讲或是理解的层面了，而会把他们自己也投身在我们的愿景中。”埃德那更加彰显愿景、更加身体力行的行为，也让志愿者、机构的理事会、机构的捐款人更多地投入他们的身心，由此，组织也扩大了对社区的影响力。

在参与《领导的勇气》系列培训的6个月中，埃德还成功完成了一次募资活动，他们用筹得的钱把租用的办公楼买了下来。他坚持挤出时间来“清空自己的头脑”，以便新项目可以在他头脑中涌现。“社会公正”与“自主”，这是他内在激情之所在；而倡导自行车的安全骑行、倡导自行车的出行方式，则是他外显的目标。现在他头脑中涌现出的项目，已经能够很好地将这内外两者相结合了。

我有一次访谈到了一位与埃德共事7年的、名叫克里斯蒂娜·布儒瓦（Christine Bourgeois）的女同事，她是他们机构的教育主任。她目睹了埃德从一名带着远大梦想的自行车骑行爱好者变成精疲力竭的创业者，又变成一位内心笃定的机构总干事的心路历程。我问克里斯蒂娜知不知道埃德那个关于在密西西比州的他祖父的木工工具店的故事，她回答说：“我和埃德是好朋友，但他的有些故事我也不知道。”

当人将所做的事业与自己真正的内在相连时，并不等于要让身边所有人都知道自己内在的故事。当我们完成内在功课之后，这一点会体现在领导行为的勇气上。当我们将自己带到外显的工作上时，当我们开始去关切更大的群体时，我们的内在功课才显山露水。这时人里外合一的状态，便会迎面而来。

选择了里外合一，也就有了人的身心完整。身心完整并不等同于完美，而是说，当人完整地看清楚自己是谁，将会变得更加真实。

——帕克·帕尔默

3.5 相信人生而完整

如果大家现在对“真我”的概念还不太有感觉，也没问题，这里本也不是要让大家去笃信这个“真我”本身。大家不妨先从它对领导力的意义入手，先知道要提高领导力，去探寻人的内在是很有帮助的。人的自觉自知始于人对自我的理解，人的自我并不只是自己的外在形象和工作头衔，也不只是在人际关系中自己扮演的角色（母亲、父亲、姐妹、兄弟、朋友、伴侣、同事）。从本质上讲人的真我都是好的，即便包含阴影的部分，因为它本就完整。不可见的这个完整性，就是人的真我，眼虽不见，但它就在那儿。

“自己”并不等同于“真我”，超越这种表面化的理解之后，就能明白人稳定可靠的内在指针是从“真我”之处获得的。相信真我，就能更加自觉自知，也能创造出空间让他人走向自觉自知。

第4章

信任与勇气

当人真正开始了解彼此、聆听彼此的故事，事情就起了变化：从排异到相亲、从恐惧到信任、从关闭到打开、从评判与偏见到宽恕与理解，这是心在前进。

——加拿大当代哲学家，范尼云（Jean Vanier）

琳恩·菲什库斯（Lynne Fiscus）是一位内科医师。一次，有个难得的机遇降临到她头上：领导30家分散于各地的诊所合并组建成一个新的就诊大楼。她明白这个项目的挑战性巨大，虽说新地方的设计更加现代化，能方便很多新做法的推进，但由于这是在经济衰退期建设的，其实就是把很多的诊所都挤进了为数不多的房间里；而且为了方便患者在这里看病，开门时间也比原来各家诊所都要长。但各家诊所没得选，只能选择进驻。很多医师和工作人员都抱怨道："我们原是搞学术，搞教学、科研、临床的，现在倒好，要我们开门营业到晚上7点！"

更困难的是，琳恩还要将大学、医院、医师从业机构这三类组织合并在一处，他们本就很难搞到一起。各家组织的人相互之间没有信任可言，而琳恩却需要设法把他们"捏"到一起。在上任之后的几个星期里，琳恩分别与一些医疗主任、诊室经理、医务工作者进行了一对一的谈话，也参加了很多诊所的会议，她想通过参加这些会议听取其他人的看法，看她如何可以把这件事办好。不过她发现在很多谈话中，她听到更多的是失望、愤怒和受伤的情绪。

“我很清楚，自己的角色肯定不是去解决如何在每天下午 3 点半帮呼吸科规划房间高效利用的问题，我的角色是要给到他人解决这种问题的能力。”琳恩所在的组织让她去参加了一些以“勇气”或“韧性”为主题的领导力退思会，以帮助她在职业上有所成长。此外，还有另一名医师担任琳恩的辅导教练。“这些对于我要去做的事情、我今天所承担的重大角色，都有极大的帮助。”琳恩将一些在“勇气之路”专题中学到的东西用到了她在这家新机构的领导力实践中，其中有个做法就是，当群体讨论棘手问题时，给大家引入一个共同的点作为讨论的开始。

“我每个月和医疗主任、诊室经理开一次会，每次会议开始时都先介绍一首诗。在头几个月，我会听到有人说：‘什么？要让人带一首诗来开会？’后来一连接着几个月，我都还能看到大家挠头不解的样子。

“我是有觉知、有意识地这么安排的，有意把诗歌带到会上来，增加一些人在觉知层面的反思活动，引入信任圆圈法的准则，目的是让大家不仅反思领导行为，也要反思领导行为是如何与我们自身以及我们倡导的做法相连的。这么做是为了明白地告诉大家，我们不再继续那些老套路了，我想要让大家感觉到一些和以前不一样的做法，帮我们从已成形的、大家已经习惯的旧的存在状态模式和旧的相互关系模式中跳出来。”

有一天，琳恩受到启发，准备在一个有关新诊所大楼的会议上播放一段视频。参加会议的人员很多，包括医疗主任和诊室经理在内共有 70 人参加。琳恩先是提到了关于过渡期安排的一些话题，并提了几个问题，然后让大家一起在 YouTube 上看了一段视频——《高空秋千启示录》（*The Parable of the Trapeze*），其中有一段由达南·帕里（Danaan Parry）做的旁白这么解说道："又有一个杆子向我飞来，上面没人，我内心知道这就是我要跳的杆，仿佛上面刻着我的名字一样，这是我的下一跳，下一个成长，这时有种活力出现在了我身上。"

然后琳恩对大家说道："高空秋千的这个比喻很贴切，我们现在所面临的情况就像是在荡高空秋千，大家需要离开原来的老地方，'飞'向空中，会有失控的感觉。但这能带给我们哪些学习和成长呢？"

接下来的讨论很有成效，和他们9个月前的状态完全不一样。看完视频，琳恩问那些在场的领导者："杂技演员做高空秋千的危险动作时，下面是有防护网的，那么，当各位面对工作中难以承受的压力时，我们的防护网是什么呢？"有人提出他们可以在搬到新址前安排试运行。还有人提到，在服务好病患这一点上是不变的，特别还要加强与病痛中的患者产生人与人的联结，而这也是一张防护网。

会后，有位同事还单独对琳恩说："我的这个观点不想在大家面前表达，我想高空秋千杂技演员之所以配合得那么好是因为他们之间有着终极的信任，这也是我们目前遇到的特别难的地方，从组织层面上看，我们之间的信任程度相较高空秋千杂技演员之间的还有相当大的差距。"关于信任不足的问题也曾在一次关于大家是否同意合并的中期领导会上就被提出来过。

在和另外一些参与者一起开的会上琳恩也播放了这段视频，也让大家进行反思讨论，得到的反馈都很不错。

几个月后，新的就诊大楼即将对外开门，当时的决定是，为了防止混乱，第一周只把一半的诊所搬过来，也先不安排那么多计划接诊量。即使这样，开业时还是问题不断。由于物流的延迟，新的保洁服务供应商提供的垃圾桶没有都到位；因为电池也没送到，手用自动消毒机用不了；在个体诊所区，医用回收盒也没送到，用过的针无处可放，这对病患和工作人员都构成了医疗风险。领导团队一天要碰头两次，通报信息。

琳恩连听了两天关于这些问题的汇报，做了一个艰难的决定，她对团队说："在我们一个房间、一个房间地进行检查和确认之前，除非确认了每个房间里都有给人打针后可以放用过的针的盒子，否则我们不开门。"

琳恩自己，以及保洁服务公司、建筑施工公司还有院感防控团队的高管们，都一个房间、一个房间地去检查，以确保每个房间里都有医用回收盒。直到半夜，大家才都确认了情况安全，第二天早晨可以对外开门。

可到了第三天下午的时候，整个楼的网络又崩溃了，一连四个小时大家都无法访问电子病历，座机也打不通，只能用手机打电话；另外还有一个最大的问题，因为这是个新大楼，每个来看病的病人都需要有人指路。

"那真是我的一段至暗时刻，"琳恩说道，"尤其对我们管理团队来说，大家都要疯了，脚下生烟，四处奔忙。我就一直在想，这楼里还有什么是能正常运转的吗？"

原本大家以为全新大楼开门的第三天将会多么令人激动，可是没有，真的，褒义意义上的"激动"还真没有。好的地方是，员工和病患们的状态都还不错，网络崩溃时病人也都没出什么状况。那天下午，琳恩到各处走动检查，给病人送上祝福卡片，给员工送上巧克力，精疲力竭的她不知道该如何去面对第四天。

琳恩除了担任这个领导职务，自己也是一名初级保健医师，每周有几天自己也执业，她家里还有两个小孩。新就诊大楼开门的这几天，她晚上都回不了家，第二天她还要飞到外地出差。琳恩的同事都让她先回家和孩子们一起吃晚饭。等她回去后，听说网络恢复正常了，她也不必再回大楼了。等孩子们睡着后，她自己开始静静地想："在这样一个掺杂着激动、混乱和失望的时刻，我作为一个领导者该做些什么呢？”

虽说琳恩觉得自己和整个团队已经竭尽全力，她还是觉得需要帮助整个团队换一个角度来看看现在面临的这整个局面，这样才能帮到他们。“这时如果我去思考明天自己可以以什么样子出现在大家面前，我想我们领导团队中的每一个人——那些为了这个项目已耗去了几年时间的领导者，他们也都会和我的感觉一样，觉得需要帮大家换一个视角来看看所发生的这些事情。”

用之前那个的高空秋千的比喻来说，跌倒后需要再次爬到梯子上。琳恩躺在床上睡不着，凌晨五点时她爬了起来，给那周在新大楼工作的领导团队成员们写下了这样一封邮件：

团队的伙伴们，

我在反思前三天发生的这些事，总还是会想到《高空秋千启示录》的视频，想到几个月前我们曾讨论过的，如果“放手”离开原来旧的医护模式、旧的行为习惯、旧的办公场所，纵身飞向新的未来时，我们的防护网是什么的问题。

我们当时说，出状况时让员工知道如何应对、关怀病患、提前演练（各位员工肯定都有做）、对彼此的信任——这些都是我们的防护网。

可以肯定地说，昨天一天，我们所有的防护网都用上了。

高空秋千杂技演员肯定不会把掉落到防护网上看作失败，他们一定会、我们今天早晨也一定会，在掉下来之后再次爬上那高高的秋千梯子，再次荡起那秋千。紧张、七上八下，这些心情都会有，很正常，但这就是我们在做的事；这是我们的所为，也是我们的所在。

我们对彼此有信任，这里说的信任并不是要求我们的工作伙伴不能让我们失望，也不是要求我们的工作伙伴不能失手、不能犯错，更不是想让我们的工作伙伴把事情100%地做对。这里的信任是指，我们自己以及工作伙伴们都想让这个秋千荡成功，关于这一点，我这一周来在各位医师、员工、内外合作伙伴身上都看到了，这一点遍布在整个大楼里，还延伸到大楼入口的广场上，延伸到我们这些天的日日夜夜。

我们已从病患那里听到了溢美之词，日后等我们这样的医护模式运转起来了，那将有多好……那就让我们掸去身上的灰尘，在今天早上再次爬上那秋千吧。

请记得我对你们所有人的深深感激之情，再也没有比这更好的、能一起纵身飞向未来的、像你们这样的团队伙伴了。

如果想再看看秋千的视频获得鼓舞，可以在YouTube网站上找到它。

各位保重，记得善待自己和他人。

琳恩

一个月后，琳恩把这封邮件也发给了其他员工、医疗主任、诊所经理。“我对他们各自所做的贡献表达了感激之情，告诉大家我们正改变着这家组织在领导力上的东西。如果没有6个月之前大家一起作为一个团队的诚实对话，我们就走不到今天，就无法在这样的经历中彼此帮助；我们的对话里也就不会出现共同的东西；我们也不会有这样的信任，不会彼此对话。这对我来说是特别的一刻，当我退后一步，就能看到我们是如何从15个月前开始的地方走到今天的。首次开业时最混乱的那几天，以及当时我们是如何以善意和理解彼此相待的，这些都为我们未来彼此之间如何共处定下了基调。”

我们不可能用一个新方案、项目或想法就让世界改变，我们甚至也不可能用自己坚信的东西、故事、对他人提的意见和建议让他人改变，但我们可以献上空间和我们自己，让他人能够解除防备，把头脑中的杂念和顾虑放在一旁，然后我们用专注和关爱去聆听发自他人内心的声音。

——亨利·卢云神父（Henri J. M. Nouwen）

4.1 营建关系型信任

领导者要在勇气上有所进步，归根结底是信任的问题：相信自己、相信他人、相信生命的平衡。信任是需要时间去建立的，位于其正中的是一个领导者对自己的自觉自知和在社会交互上的情商。信任需要人聆听自己的内在，而人对自己内在的聆听又可以让人具备更多的同理心和意愿去邀请同事们反思自己，这样一来大家就会形成一种对宗旨和乐观感的共同感知。

关系型信任（relational trust）是一种处于组织、社群、人际网络中的人通过人际关系或社会交互产生出来的信任形式。与此相对的是契约型信任（contractual trust），这是对需要交付工作、产品、服务进行的明确界定，以及对未能交付将产生怎样的法律后果进行定义之后产生出来的信任形式。虽说通过良好的社会关系也可以增强契约型信任，但它的信任还是基于上述的界定。很多公司业务运作的基础都是契约型信任，殊不知公司文化之下的关系型信任才是成功的关键。

如今的职场是一个运转着的社会系统，大家一起围绕一个共同的宗旨共事。运转得好，则人与人之间关系融洽、合作愉快、有归属感，形成健康而积极的人际关系；运转得不好，复杂的问题、各人不同的优先级、各人不同的家庭情况、充满压力和深井式的工作都可能导致信任的崩塌。

关系型信任首先是人与人之间的信任：我是否相信你会把你的事做好，以便我们共同致力的事情可以向前推进？而权力不对等、误解、沟通失效等各种张力不仅将给人际关系带来严重破坏，也将危及我们个人处理压力的能力。当我们有赖于彼此才能完成自己角色中的职责时，这时的我们会很容易受伤。关系型信任来源于我们对内在的感知，来源于对他人行为及动机的解读，但这部分内在世界遍布坑洼和阴影，需要我们有良好的自我觉察才行。

4.2 教育领域中的研究结论

我们中心最初植根于教育领域，我们关于关系型信任的理论框架也来源于这个领域。通过我们中心的《教学勇气》和《领导的勇气》退思会，一些教育工作者和医务工作者开始有了在社群中一起进行反思的切身体验；同一时期出现的与我们并没有相关性的一些研究，也证明了教育工作者的内在状态对很多东西有着重要影响。安东尼·布雷克（Anthony Bryk）、芭芭拉·施奈德（Barbara Schneider）及其同事通过研究认定“关系型信任是改善公共学校社群的关键因素”。即使把贫困、种族隔离、学生的流动这些变量都作为影响因子考虑进去，关系型信任和学生在阅读及数学标准测验中得到的分数之间依旧呈现出强相关。在教师之间有着很强信任感的学校，学生的测验分数也越高；而同事信任关系差的学校，1994 和 1997 两年“无论是在阅读还是在数学上的成绩几乎都没有提高”。

在以上研究及其他一些新近研究的基础上，2012 年勇气与新生中心连同弗吉尼亚大学的研究人员一起开发并试行了一个叫作“携领彼此：营建学校里的成人社群”的项目[1]。一些学校在其会议和文化中引进了“携领彼此”的原则，研究发现这些学校里的人的关系型信任和专业能力都有了提高，对学校的忠诚度和投入度也都有了提高，还形成了共同改善学校的集体责任感，而这些又都增进了乐观感和集体效能感。

4.3 关系型信任的四个维度

建立关系型信任需要人能对他人的意图进行分辨，而人观察和解读他人行为是通过相互间有着动态影响的四个维度来进行的，这个过程往往是人不假思索间就完成的一个判断动作。布雷克和施奈德将这四个维度确定为：尊重、关切、能力、正直。在任何一个维度上的缺失都会影响关系型信任，而当信任缺失时，我们常常不自知，往往只有一种直觉上的感受，这个四维的模型可以帮助我们分辨到底是哪个维度发生了缺失，可从哪个角度弥补。

4.3.1 尊重

这个维度包括，看到职场中每个人的重要角色，看到团队成员间的互赖关系。高质量的对话，包括真正的聆听，就能让这一点得以发生。通过流程让每个人都被听到是一回事，让每个被听到的声音真的得到重视且在接下来的行动中真正予以了考量，又是另一回事。

圆圈准则便是一些可以促进关系型信任的基本原则，确保大家进行的是相互尊重、没有评判、富有意义的对话。无论是在会前作

① “携领彼此：营建学校里的成人社群”这个试验项目的做法是，让学校校长和教师中的领导者在一起体验一些进行反思的做法和原则，以便让他们可以在教职工会议、年级会议、学生学习小组、家长会、课堂等场合进行运用。

为规则明示出来，还是将这些规则内化在会议进程中，这些指向深度聆听的规则就是为了让大家带着这样的觉知来彼此互动。在前述“携领彼此”的试验项目中，各个学校团队会一起制订他们自己的圆圈准则或成人社群法则，让这些原则成为大家的共同规范，让社群可以在较高水准的职业化做法上运转。

琳恩通过跨部门会议帮助大家看到，每个人都是大局中的一部分，也让大家走出各自的职能领域去了解彼此。关于后面这一点，也带出了我们要谈的下一个维度——对人的关切。

4.3.2 关切

很多不同角色、相互交错的关系构成了一张“网”，我们都是在这样的“网”中开展工作的，这种情况下难免会出现不同权力高下的动态关系，使处在下属角色的人会有一种脆弱感。这时如果“权力更大”的人能有意识地降低他人的不确定感或不安感，就会给他人一种被关爱到的感觉。具体体现在领导者的做法上，如对其他人在个人层面上给予关切，创造职业发展的机会，或是为对方做了一些领导者角色之外的事。另外，如果让对方觉得在脆弱感中有了安全感，那么对方也将给予回馈。

琳恩那天晚上又无法和孩子们一起吃晚餐的苦衷被同事们知道后，他们都建议她先回家。后来在另一个故事中，琳恩到了天平的另一端。那天，有一个电话会议开到很晚，突然有位员工离席而去，这位员工后来给琳恩和另一位医师发信息道歉：“非常抱歉，我得去日托中心接孩子。”琳恩是这么给她回信息的：“不必抱歉，我们这两位也都是母亲。在生活中同时玩转多个球是我们都要有的超能力。”

回首这个故事时琳恩说道：“这不是什么需要道歉的事情，这就是我们如今生活的真实写照，我们需要找到让大家可以同时兼顾工作和个人生活的做法。”琳恩这种围绕着整全性、工作与生活平衡的价值观，体现在她对团队成员的关切上，慢慢地这就带来了关系型信任。

4.3.3 能力

这一维度是指大家会对领导者或同事们的工作绩效以及所贡献的价值进行估量。这里并不是指那种主管和员工之间的年度绩效评估，在关系型信任的概念下，这是人们日常所做的对其他人在诸如维护秩序、维持公平、压力之下保持镇静等方面所展现出的能力或好或坏的观察和判断，往往是一个非正式的过程。

琳恩回忆了特别忙乱，尤其是网络崩溃时发生的情况。当时注射室的护士们就表现得很专业，他们不慌不忙。没有网络，他们就到马路对面去打印知情同意书。“大家都在积极地解决问题，所做的完全都是从如何关切病患角度出发的事，这让我想到了我们说的‘防护网’。他们训练有素，有状况时知道该如何处置，原来还在老地方办公时他们也经历过系统崩溃的事，虽不是天天如此，但如果发生了，他们也都会说‘噢，好吧，我们想办法解决’。”相比之下，琳恩和其他管理团队的成员反倒是因为不知道自己能做些什么而倍感压力，技术人员在解决问题，医护人员在服务病人，管理团队的人倒觉得自己百无一用。

从表面上看，提到“能力”，似乎其中对角色、职责、要求等进行估量的过程是个客观过程，但我们在关系型信任概念下说的这个“能力”，其中还有另一种现象，即人会由于自身的阴影，影响对能力的感知：人常常会在没有看到全貌的情况下就对他人加以评判，有时是因为我们自身感受到了责备和羞愧，而把自己的阴暗投射给他人，我们生怕自己在面对复杂情况时的无能为力被他人发现。在《“想不到之事”》报告中就有很多被访问的高管提到，自己拿那么高的薪水，在 VUCA 水平越来越高的情况下却感觉做不了什么，这让他们对自己的“尸位素餐”感到恐惧。

4.3.4 正直

当一个人里外合一、言行一致时，我们称其为正直，这样的人说到做到、言而有信。当人受内心深处的伦理道德指引时，在工作中表现出来的行为就会是正直的。

布雷克和施奈德在研究中提到，如果想发展并维持关系型信任，领导者和被领导的伙伴们需要在一起好好审视大家所做的事情，大家在一起主要是为了什么——“我们为什么要在一起做这些事？”除了要满足事业运转最低的底线，我们还想要追求什么样更高的宗旨？

在学校教育领域，教师和校长角色的正直可以体现在他们把学生的利益放在心上，并因此做出一些艰难的决策上：教师为了提高学生的学习效果而顶着风险运用新的教学法，校长因觉得有些政策对学生没有好处而直言不讳……这些行为都在表明，他们是把学校这个学习社群的共同价值放在第一位的。

在医疗卫生领域，正直体现在将病患的健康、安全、福祉作为第一要务：当琳恩坚持要求每个病室都必须配备医用回收盒时，当琳恩管理团队的成员在新楼刚开业期间力保病人都有人指路时，这种正直就体现了出来。

那么在商业领域，正直又将如何体现呢？在这里，并不只是与我们常在新闻中听到的不道德、违反伦理的商业行为作斗争就可以，还需要我们在这条路上更进一步地逆水行舟——这时“正直”还要求我们比“一般的正常情况”往前再多迈一步，需要我们肩负更大的责任、怀揣更大的决心去做对的事情：拒绝参与不正当的商业行为，抵制为了完成指标而损害他人的行径，为了长远的追求放弃一笔买卖或退出一场竞争，主动撤回给人造成误导的信息……

要做到正直，就需要大家对组织的宗旨和价值观有共同的理解，并坚定地活出宗旨和价值观；需要大家将所有组织的运作底线——人、环境、盈利、宗旨——放到一起来进行权重上的拿捏，然后做出决策，并清晰地表达是基于股东与董事，还是基于员工及其家庭或是基于组织的客户做出了某个具体决策的；还需要我们超越稀缺心态[①]（scarcity mindset），审视好长短期的价值。

营建并维持关系型信任需要日日做、长期做，需要投入辛勤和真心。通过上述这四个维度的信任模型，各个领域的领导者们可以发现自己的盲区，知道自己可以从什么方面来改善信任。“领导”的过程本身就是一个创造条件让信任得以生成的过程，这既是一种领导者的机遇，也是领导者的职责所在，而在这其中，领导者带着勇气去做的行为能帮助人们在自己的内在、在人与人之间、在整个群体筑起信任的城池。

只需应下你一生那些桩桩件件的事，就能让你成为你自己：当所有你所做、所有你所为，均为你之所有时，你身上的现实感将势不可挡。

——心理学家，佛罗里达·斯考特-麦斯威尔（Florida Scott-Maxwell）

① 稀缺心态是一种有意无意总认为自己“所拥有的”少于“所需要的”的感觉。在《稀缺：我们是如何陷入贫穷与忙碌的》一书中提到，稀缺造成的后果不仅仅是我们会因拥有的太少而感到不悦，它还会改变我们的思维方式，使人过于关注稀缺的对象从而失去正常的判断力，这恰恰会导致稀缺状态进一步恶化而不是改善。例如，贫困的个体可能会因为想减轻他们的经济压力而做出可能导致他们处境恶化的决策，如他们可能会倾向于借高利贷、减少储蓄、在一些经济抉择中表现出更多的偏见、更频繁地参与彩票活动等。——译者注

4.4 信任的内在

信任不是一天就能建成的，也不是一天就能形成的，不可能通过一次会议、一场对话、一封邮件、一段视频就产生，它需要我们固守在重大而艰难的对话中：我们能否做到让彼此之间的张力变成开拓胸襟和思维的力量？我们能否做到以莫比乌斯带的隐喻，去看内在觉知对外在的关系和决策造成的影响？我们能否把时间、空间、精力用在真正了解彼此而不是评判上？在下一章，我们会来谈关于“反思”的课题。独自一人进行的自我反思，或是在群体中进行的反思，或是对所需面对的重大问题进行的反思，也都将影响我们能否走向信任。而有了信任，才能带来更大的勇气，让大家紧紧地在一起，让领导者能够去引领。

第5章

反　思

我们作为领导者，需要对自己的人生进行反思：因为我们必须知道自己心中有什么东西，以免我们的领导行为给别人造成了弊大于利的影响；也因为要保持一颗引领他人所需的领导者之心，很是不易。

——帕克·帕尔默

罗莎莉·马丁（Rosalie Martin），被大家亲切地称为“罗茜·马丁”，是一名语言病理学家①，她的工作是帮助一直没有阅读能力的成年人。她通过将学习任务切割成最小的学习单元来帮助成年学习者小步而稳扎稳打地进步。她举例说：“比如spoon（勺子）这个英文单词，就是把‘s-p-oo-n’四个声音连在一起形成的单词，这里有五个字母，但音是四个，由这四个音形成了代表‘勺子’这个词的声音符号，它不是‘勺子’这个物品本身，而是表征这个物品的符码，语言就是表征这个世界的符码系统。”

“对我而言这些都是很平常的东西，可我发现有的人会觉得理解这些是个很神奇的事情。”这句话用在她帮助过的人身上再恰当不过了。有一个名为彼得（化名）的囚犯，在罗茜的帮助下学会了读书写字，那时他已51岁。在囚犯们学会读写之后，罗茜还会要求他们进行相

① 语言病理学家是指专门从事交流障碍（言语和语言障碍）、认知交流障碍、语音障碍和吞咽障碍等方面的评估、诊断和治疗工作的人。——译者注

关的反思。彼得在53岁那年亲手写下了这段话，来表达罗茜为他的人生带来了怎样的改变："被关进监狱前我并不会读书写字。有趣的是，在我内心深处，我肯定我是会的。在罗茜教会我之前我一直都不知道该如何起步，罗茜为我打开了那扇门，让那个会的我走了出来。我一直相信那里面住着一个会认字的我，只是他不愿意跑出来玩，他现在出来了，写着写着还停不下来了。"

罗茜做语言病理学工作已有30年，但到监狱里教囚犯们认字还是需要点勇气的。当年她刚刚创业时，孩子还小，业务上也只有她自己一个人；现在她开的诊所已成为颇有名气的私立语言病理诊所，她是诊所的主任，主要在霍巴特市[①]执业，同时她还支持着三个远在塔斯马尼亚岛[②]的诊所。

多年来罗茜都想把她的临床经验服务于里斯登监狱里的囚犯们，其中很多人虽成年了，但仍没有读写能力。这往往是由于过去学习读写时的多次失败造成的。他们可能原来在上学时尝试过，后来在各类成人扫盲班也尝试过，但都没有学会认字。要让他们学会，可能需要专家的干预。可是罗茜有些踟蹰不前，不知为何，迈出这一步多少还是让她有点害怕。她并不是怕与囚犯们打交道，也不是怕在监狱里教人认字，是她内心更深处的某种不可名状的东西拖了她的后腿。

那天罗茜坐在一个报告厅里。那里正有人发表请愿演讲，号召更多的志愿者投入监狱扫盲的事业中。当时罗茜的另一位同事也在场，就坐在报告厅的另一个角落里。演讲结束时，他俩都向对方走了过去。

"我们都知道对方想说什么，我们拥有这方面的专长，知道如何为这些常规学习方法不奏效的特殊人群提供有效的干预，我们也应

① 澳大利亚塔斯马尼亚岛东南部的一个城市。——译者注

② 澳大利亚东南部岛屿。——译者注

该为这些弱势群体提供这方面的知识。”可让她觉得需要做点什么的，不只是理智，还有种感觉上的东西，罗茜写道：“在我的目光和这位同事目光相遇的一刻，我感到自己内心深处有一个让人屏息的火花闪现，仿佛那流淌于溪石间潺潺的清流一样——那是一种笼着一层纱的锐气，我知道那是吹响了的、让我心动起来的号角。”

罗茜的这个“啊哈”一刻开启了前进的势头，但她仍还需再被推一把。两天后，她与一位职业生涯教练进行第二次谈话时，这位教练说道：“一直以来，你都会等到把所有细节都推演好了才去尝试，何不放手一搏呢？”

罗茜现在明白是什么东西在拖她的后腿了：“我有渴望，想把我的本事带给更多应当得到公平对待的人，可我内心不知道要如何下手。”罗茜把自己的诊所业务打理得非常好，可关于如何做慈善、如何与监狱系统打交道却知之甚少。“我肩上还有另一个担子，那就是如何让诊所的业务不因我抽时间去做慈善而受到太大影响，这关乎很多员工的饭碗。”罗茜意识到，她担忧的其实是组织层面上受到的影响，根本不是诊疗方面的事，“在诊疗方面我有实践专长，我完全不担心”。

“勇往直前”这个词开始出现在罗茜的头脑里，并开始往她心里去了，她一直都在琢磨“心有谦卑”和“勇往直前”这两者之间相反相成的关系。她想起了自己在语言病理学领域里的好几次勇往直前的经历：“我敢于向专家求助，我会直接发邮件去求教专家，可能连对方都觉得有些诧异吧，他们有的是英国的专家，有的是美国的，突然间收到了一个远在大洋彼岸的人发来的求助信……不过他们还都给了我肯定的回答。这就是我的生活原则：‘不开口问怎么知道行不行呢？’”

“可我职业生涯教练的话却让我意识到，我现在需要纵身一跳、随风而行了。”内心不同的声音、内在的渴望，以及觉得不知如何转变又须得转变，还有随之而来的那种内心的迷茫飘忽——这些混杂在一起的东西最后都被罗茜克服了。

“有天下午，我拨通了监狱的电话，告诉他们，‘关于囚犯学认字的事，我有这方面的技能，我能否过来和你们谈谈？’对方说，‘好的，请过来和我们谈’。然后我就去了，得到了极大的欢迎，大幕就这样拉开了。”

罗茜以志愿者的身份每周去监狱几次，她成立了一个名为“读写有声”（Chatter Matters）的慈善机构，并以此为依托运作了一个小型试验项目，叫作“一句一句来”（Just Sentences）。罗茜所用的面向监狱在押人员有关文字扫盲的前沿做法是一种建立在亲子间“依恋理论”（attachment theory）治疗干预法基础之上的、被称为“反思式对话”（reflective dialogue）的做法。“‘勇气之路’的理念框架让我从深层次上真正理解了何为信任，以及我们需要建立多深的信任。我因此明白了，信任是很容易受损的东西，也明白了把他人放在心上有多么的重要。”罗茜对很多语言治疗专家、监狱志愿者、包括她自己的丈夫里奇（Rich）在内都进行了培训，让他们可以在项目试验阶段教囚犯们认字。看到囚犯们的读写能力有了快速进步之后，罗茜又对此做了持续的宣传沟通，以争取更多的资金支持。[①]

“对想要听的人，我都会向他们讲述我们在做的这件事。因为我的专长是诊疗技术，而不是沟通，于是我特意让自己更积极主动地找人进行沟通，以便让人们看到我们所做工作的价值和重要意义。然后我发现，其实我也不怕和人交流沟通，我发现自己在过去几年中也慢慢地变了。‘勇往直前’真心不错，我想我现在知道这个词的含义了。

“当人懂得自己之后，就能从多方面来更诚实地面对内在的自己。

① 罗莎莉（罗茜）· 马丁荣获 2017 年澳洲塔斯马尼亚年度荣誉称号，以表彰她在对包括监狱关押人员在内的成人语言教学、扫盲、社交方面的贡献。

这样一来，人会将一个全然的自己带到与他人的沟通中，而这也为与对方的沟通打开了更广阔的空间。”

“是要继续因循守旧地做事，以体现我技艺的精湛以及学术的德高望重；还是要直击眼下这些被我发现的奇形怪状、含混不清的实际问题？”人对此所做的不同选择，会让他们之后的人生截然不同。

——美国当代教育家、哲学家，唐纳德·舍恩（Donald Schön）

5.1 反思实践与勇气之路

成为一名睿智娴熟的领导者不是到某一天就能一蹴而就、彻底完工的事，它需要人在个人和职业层面持续不断地前进，还需要有超越个人的宗旨——你作为领导者的个人成长，也将给你所服务的人、你所关心的事业、体现在你们产品及利润背后的宗旨带来好处。反思实践在领导者的成长中具有中心地位。

当你反观自己时，会通过什么来看见自己？通过镜子？通过你在街边路过的玻璃橱窗？通过止水深潭的反照？还是通过他人的眼？想要看清自己（即，所谓的自觉自知），需要这样一个反照的过程。从字面上看，反观反思是一个双向的过程，需要有某种“镜像”的存在；但反思也可以是独自一人的深忖、冥想、沉思。

反思实践并不完全等于“内省”，“内省”是一种自我探寻、自我检查。在“勇气之路”的框架中，反思实践既包括个人层面做的反思，也包括与伙伴们在群体中一起做的反思。反思时，也不只是对流程、学习点、数据进行回顾思考，要在这些基础之上，触达自己的内在，也触达他人的内在。

罗茜的故事告诉我们，由反思带来的个人成长既是一个个体的过程，也是一个在伙伴中完成的过程：当她意识到自己需要有勇往直前地行动时，便是在进行自我反思；是她的教练帮她看到了身上想要等所有细节都推演好才行动进而导致事情被拖延的现象；是她和她同事的四目相对让她意识到，他们需要行动起来了，而这也成为他们的一个反思共同宗旨和共同方向的时刻；又是她个人的反思帮她回想起了自己也有勇往直前的时候。这些反思行为似乎看起来都是偶然的，但这其中罗茜得到的训练是，去关注自己的人生有着什么恒定的轨迹，当人的反思带上这样的觉知时，就能发掘真正的力量。

我们从人的内在可以学到太多的东西，但人的内在也是一个容易让人迷失的地方。我们从一群伙伴那里也可以学到太多的东西，然而一群人也会成为一个容易让人迷失的地方。因此，“独”和“群”这两者我们同时都要，这样就可以将我们分别在这两个地方学到的东西进行相互检验和平衡。

——帕克·帕尔默

5.2 群体中的自我反思

要成为真正而完整的自己，需要他人来帮我们看清自己。本书第 1 章里提到，“勇气之路”的框架里对群体有着特别定义，我们对此的说法有“独而成群”（solitudes alone together）或“探询式群体”（community of inquiry），诗人赖内·马利亚·里尔克将其称为“这里面的‘爱’的组分，便是由两个独自存在的人，彼此同时在保护着、区分着，又同时致意着彼此”。帕克·帕尔默是这么来阐释我们如何可以支持彼此成长的：“我们站在他人独处着的那个边缘地带，带着纯粹的关切——相信他人在其内已拥有他们所需的一切东西，而我们的关切能帮助对方把这些东西带出来。”

在领导力领域，“爱”这个词并不常用，这里“爱”并不是指爱情中的“爱”，甚至也不是亲密关系中的那种“爱”，这里的爱是指领导者在将他人最好的部分带出来的过程中所需具备的耐心。我们中心提出的很多做法都是建立在爱的核心价值基础上的，这里我们所指的“爱”是，为了他人的成长而让自己再多迈一步、再多延展一点的一种能力。在一个群体中工作，会需要人多延展一些自己，理解、尊重、支持彼此，这也是为什么“学会爱”是人最难的科目之一。当我们被以爱相待时，我们就会被“一种充满能量的、让我们想要由内而外地生长的场”包围，这种场是“一个安全得让人敢于涉险、安全得能装得下人成长所需的失败”的地方。

5.2.1 关于“独”

“独”始于你以及你的思想，还有你的日记和手中的笔。如果很不喜欢用笔在纸上写字，你也可以选择用电子设备来记录自己的思绪。但可以考虑，试着切断所有的“电子”牵连，试试看当你将你的指尖和手处于另一种状态时，是不是能让自己的心表达得更清晰了（尤其针对如果你的日常工作需要你一直在线或是需要你打很多字的情况），你也可以选择画出来。手写的方式对大脑思维很有好处，可以激发创造力，可以让大脑舒缓。

从“独”再走向“成群”，需要你将自己的思考向其他人表达。当我们中心在活动中把参与者分作“两人一组”或“三人一组”时，就是在邀请人们找一两位伙伴来进行分享。做法上，既可以是面对面的，比如在工作中找一个小组来进行，也可以是每周或每月固定地找一到三位伙伴通过电话的方式来进行。规则是，让每个人都有等长的时间，不被打断地进行倾诉，然后换下一个人；对每个人所说的，大家不加评论，也不必提出自己的见解，对倾诉完的伙伴表示感谢后，再轮到下一个人。这种做法可以让人“在自己所讲话里有一种被听到的感觉”——就在他人的聆听当中，你会发现自己能用一种前所未有的清晰将内心最深处的思绪表达出来。只聆听不评论，这么一个简简单单的做法就能造就如此的不同，还是非常神奇的。到最后时如果还有时间，也可以问问当事人是否愿意接受提问（如果当事人不接受，就不能强加自己的想法给他们），任何当事人都可以决定是否要听听大家的想法。

5.2.2 探询式群体

个人独自反思也是一种探询，而通过群体中彼此互问问题的方式则能带来大量的洞察。探询式群体是为了支持人在个人层面和职业层面的成长而组成的社群，也被称为“实践群体”。这样的群体让其中的人觉得安全，可以做真实的自己，并愿意坦然地接受其他人通过开放、真诚的提问与反照向自己发来挑战，以此帮助自己变得更加真实。

圆圈准则是这种群体中大家共同坚守的在行为方式上的承诺，通过圆圈准则能护持一个安全的空间，让大家感受到尊重和关切。带着这样的觉知行事，群体就能让个体输出洞见，让集体产出信任、同理心、热情和乐趣。没错，还包括乐趣、快乐和彼此相庆。面对严峻和困难的问题时，需要有群体的支持，也需要有领导力——大家需要缅怀失去的东西，需要总结学到的东西，但更重要的是，也需要有轻快愉悦，让大家都能庆祝取得的成绩，也都有机会一起去欢乐。

品味塞尚[①]的画作需要人将自己投身其中，而不是单向地理解，这个过程是不可能通过置身事外的观察和隔着一臂之遥的比较就能完成的。

——艺术史学家，海因里希·威甘德·佩策特（Heinrich Wiegand Petzet）

5.3 第三物件

与他人一起进行反思实践，特别是围绕一些灵性方面的话题进行探究时，由于我们依然生活和工作在现世的世界，这会使得这种反思变得不太好进行。在日常生活中，想要超越闲谈去真正地了解彼此，是相当困难的。

这时，在“勇气之路”的框架下，我们会引入一个被称作“第三物件”的材料，通过将焦点移到这个材料上来帮助大家获得一个共同的探讨基础。在两极化的两点之间，出现的是两点间的张力，在这个基础上增加第三个点，就让两极化的张力变成了一个三角形，由此创造出的空间和场域可以让人于其间展开彼此的互动与相互的关联。帕克·帕尔默在《教学勇气》一书中提到，大家之所以能形成群体，并不仅仅是人际权力使然，也因诗人赖内·马利亚·里尔克所指的“伟大事业的风骨”使然，与伟大的事情相交，能帮助人看到更深处的真实。

“第三物件”可以是一首诗、一个富有教育意义的传统智慧故事、专业领域的一个案例、一句名言、一段音乐、一件作品，比如琳恩用到的高空秋千的视频（见第4章）。有位引导师说，她拿来一张一群马的图片，图片上的马都站在畜栏里，门是打开的，门外有一大片开阔的场地。她以这张图片来启发大家的讨论：为什么大门敞开，马却都站在栏里？其实任何东西都可以拿来比喻人的状况。当人开

① 保罗·塞尚（Paul Cézanne，1839 —1906），法国著名画家，其作品看似是简单的几何化，却再现了大自然形体组合的魅力。——译者注

始探究这“第三物件”中蕴含的重要意义时，我们便会从物件本身跳脱出来，开启很不一样的认知之旅。

“第三物件”从容优雅、海纳百川的力量，就像在房间里多了另一个人，在欢迎我们、邀请我们、唤起我们，去与其对话、向其学习。而当我们把这“第三物件”当作鲜活的存在物,进入与它的对话、进入它本身，也让它进入我们时，就能激起我们新的洞察。在这种时候，探讨与此相关的主题，会让我们觉得很安全，因为我们是从一个不同的视角切入的。

在“一句一句来”扫盲项目中，罗茜带来的“第三物件”就是一些文章，这些文章是由那些经历了长年文盲、终身残疾、大脑受损的人在学会读写之后写出来的文字，她还与《岛屿》(*Island*)杂志合作出版了收录这类文章的专刊。这些文章都是“伟大的作品”，因为文中坦率地写出了自己长大成人却不识字的羞耻，写出了被人欺凌的经历，写出了自己欺凌他人的经历，写出了应聘求职时不会填申请表的难堪，以及最终学会认字、写字之后那种胜利的体验。在罗茜为这本专刊写的前言中，有这样一段话:“我会让我的新学员把这本专刊中收录的一些文章念给我听，或是由我念给他们听……我坐在桌子的这头，在桌子的那头，是念着、听着这些故事的男人女人们那湿润的眼、哽咽的喉,因为他们自己身上那些未曾见光的痛，正借由这些诚实的语言表达了出来。这些温柔的抑扬顿挫传递着鼓舞，告诉着他们，他们是谁，能成就什么。”

5.4 反思与领导力

在领导力的不同节点或不同目标的要求下，会需要各类不同的反思实践。需要“由内而外”的领导方式时（leading from within)，要对自己的职业行为做反思；需要“携领彼此”的领导方式时（leading together），要对关系和群体做反思，因为这些都是工作得以运转的背景条件；需要“行之有效”的领导方式时（leading for impact），要对昨天的学习点做反思，以便对今天的行动进行调整，向着目标前进；需要“转型变革”的领导方式时（leading for transformation），要进行有深度、有广度的探询，在个体的内在、在同事之间、在各利益相关者之间，让每个涉足其中的人都找到内在动力，为了共同愿景的实现而肩负起责任和行动。

我们现今身处的环境有太多的变化、复杂性、不确定性，很容易让我们失联于一些重要的东西。很多领导者所发愁的是：这些对我及对组织提出的要求，我要怎样才能做到？如何才能降低不确定性，让我们所执行的战略能带来正向的结果？但不太有领导者思虑这样的问题：在这样一个角色中我究竟是谁？在与他人共事、与他人相交的过程中，我要有怎样的新生？如何发掘出我自己的力量并向着大家共同的目标努力？正是这些更指向个人的反思性的问题，才是长久引领他人前进的钥匙。业绩、挑战、压力，总会有来有去。可是，关于你所从事的课题、你自己在领导力上的表现和做法、你所引领的和你所汇报的对象与你之间的相互关系，对这些问题的反思能力才是优秀领导力的核心所在。有了反思，才会去检视自己的前提假设和偏见，去玩味“失败”并从中有所学习，并把洞察到的东西用到其他情境中。“反思”这种实践不应只是人要用意志要求自己去做事，也不是要得到鼓励才去做事，它应当成为人的一种习惯性的反应，成为日常生活的一部分。

“人”，甚至比物件更需要拿出来重新盘整、重新刷新、重注生机、重放光彩、重生再起，永远别把“人”丢弃。

——奥黛丽·赫本

5.5 反思与新生

人的阴影及未经觉察的前提假设，抑或仅仅只是一个不留意，都能够遮挡原本清晰的真实，而反思则能将人从这种内在的囚禁中解放出来。作为与里斯登监狱囚犯们进行反思对话的对话者，罗茜就看到了她自己的价值：“突然间，终于有人把他们当作了不起的人物、当作勇敢的人物去与他们对话了，他们从未想过可以把自己看作那样的人；他们从未想过由于不会认字写字，也让他们带上了内在的脆弱与羞耻；他们从未想过把这一点处理好了，他们也就通达了勇敢与勇气。”

反思所带来的其中一个美好，就是我们既在聆听他人，也被他人聆听。在一个值得托付信赖的空间里把自己进行的反思说出来，我们能感觉到有一个自己在发声。而当领导者在“我是谁、我在这儿究竟做什么”这一点上重获新生之后，这种新生还将荡漾开，为愿景和使命注入生机，为同事和组织增添活力。帕克·帕尔默就提到，这个反思的过程可以和他人一起，“去找到自己的声音，学会用好自己的声音，为好的变革做出贡献而感到心满意足，于我们这些老老少少而言，这些可能性总都是存在的——如果我们能有一个群体，支持着我们这么去做”。

第6章

关爱真我的勇气

自我关爱绝非私举，这是人在打理他身上唯一的礼物。在世上走这一遭，我们献给他人的就是这件礼物。我们聆听真我，关爱真我，不只为了自己，也为了我们会去触碰的那许多生命。

——帕克·帕尔默

2008年时，穆克塔·潘达（Mukta Panda）开始担任一家大学医院的医学部主任，这家医院是一家拥有900张床位规模的医院。那时她还获了奖，以表彰她在教育新晋医师和在创新及改善住院医师培训项目上所做出的贡献和表现出的才华。然而，穆克塔做得并不开心。

“我在反问自己一些有关人生意义、价值、使命的问题，就在两天前我得到消息，一位我结识了25年的人故去了，我一时竟不知道自己心属何处。”

无论是在自己个人生活领域中还是在工作中，她都在苦苦挣扎，部门主任这个角色所带来的行政上的、业务上的要求，似乎和穆克塔自己的价值与天赋并不搭调。8年前她担任这个职务时，目标是促进医疗团队成员们的成长，包括团队规模的发展以及成员相互合作等方面的进步，同时培养年轻的医师。慢慢地，这一职务越来越开始要求对账务数字保持关注，而不是关注人与人之间的关系。穆克塔说：“这可不太像我想做的事。”

她继而解释道：“如今的医疗体系存在诸多挑战，方方面面都面临着变化。我是医师教育者，同时也是医师，我要做的不仅是服务好病患，也要给年轻医师提供指导，这对我就不只是专业技术方面的要求了，也对我作为一个完整的人的能力提出了要求，需要我把我的职务和我自己的心灵相结合。”

人人都会有工作倦怠，如果所做的工作竞争激烈、时间超长、精神压力巨大，并且还要忍受孤独，不可以向他人求助，那么工作倦怠就必然发生。随之而来的，还有情绪低落、药物依赖、压力下的身体出现状况、觉得没有意义和目标，甚至还会产生自杀的念头。

穆克塔在拼命帮年轻医师避免工作倦怠的同时，也不得不关注一下自己的身心状况。她做了一些决定，其中就包括去参加勇气与新生中心的退思会，像她这样获奖的医师是可以直接报名参加的。

这个即将在周末举行的退思会，带给了她希望。这个退思会也成了她人生转折的重要一刻，让她看到了人在群体的支持下通过一些反思可以带出怎样的洞察。到了晚上，她夜不能寐，向自己发出了新的拷问：现在的我所归何处？我又是谁？

“那次退思会之前，我既没有恰当的语言，也没有相应的技能来做这样的事，而且我也没有掌握和自己对话的技艺。我曾试过，但只能流于表面。这个退思会帮助我冲破了羞耻、怨气、愤恨、觉得自己一无是处等重重的情绪阻碍。让我觉得惊喜而又焕然一新的是，我又想起了自己申请上医学院时在申请表上写下的东西——为什么想要进入医疗领域，为什么想要当医生。我又再次和‘我是谁’连在了一起。”

穆克塔明白了，人如何看待自己、如何关切自己，可以影响到人许许多多的方面——每天以怎样的状态面对工作中的挑战？其他人如何看我们？面对外界积极或消极的冲击时如何应对？穆克塔越来越清楚了，人的自我觉察和人的韧劲之间有着怎样的联系。

“重点在于，人需要照顾好自己，同时明白自己是谁。人内心的声音必须真实，才能去照顾别人——包括照顾好自己的同事。”

她还认识到，部门主任这个职务给她造成了一种隔绝感，尤其是要关注财务数字这一点，已让她体会不到做医疗的乐趣了。最终，她决定从这个职位上退出来，转做医疗教育院的副院长，让她关爱年轻医师的天赋有一个用武之地。在这方面，她有很多新想法。

穆克塔与其他两位同事一起，开启了一个反思活动，一周一次。后来，另一名在工作中苦苦挣扎的住院医师也加入了。“我是用‘第三物件’的方法来让大家进行反思活动的，真正贯彻了信任圆圈的准则和保密要求。”穆克塔说道。没多久，他们又决定将这个活动开放给所有住院医师。学医学的学生和住院实习医师都是带着治病救人、关爱病人的热切初衷进入这一行的，然而在培训和实习过程中，他们却几乎没有可以交流情感的契机。

为了弥补这个缺失，穆克塔新设了一个“住院实习医师 3R 项目：松绑（Relaxing）、回血（Rejuvenating）、快意（Rejoicing）”（简称“RRRnR”），每周四安排一小时时间，大家聚在一起，不指定流程，围坐在一起后，先是进行几分钟的静默，让大家进入完全的“临在”状态，把其他的事务抛在脑后。穆克塔告诉他们：“如果头脑里想着要做的事，可以写到纸上，然后把纸撕掉。在自己生命中接下来这 30 分钟的时间里，让自己全然地‘临在’于这个房间里。”

参与者可以带来某一章书的节选、一段视频等任何他们想要分享的东西，实习住院医师也可以利用这个空间来分享他们作为一名医生在经受着哪些情绪上的东西。有名实习医师这样说道：“在这里你可以掏心掏肺，把内在的恐惧和紧张都公之于众。”另一名实习医师则说：“潘达医师的举止神态中透着一种开放，我们什么都可以说，我们会分享自己内心深处的恐惧和疑虑。让人觉得神奇的是，我们就这样找到了一些问题的答案，原本以为是没有答案的。”

如今医院里其他部门的人，像护士、药学学生以及其他同事，也都来参加这个活动了。大家在这里聆听他人的烦恼，带着更大的同理心彼此交互，由此创造了一种社群的感觉，为大家的共事创造了更深的合作关系、更多的战友情谊。借助于在“RRRnR”项目中的分享，大家彼此间形成了一种纽带，有了彼此相连的感觉。

穆克塔和另一名临床心理学家对此做了一个研究，他们研究了过去18个月参与过“RRRnR”项目的实习医师的应变技能。结果表明，每季度参加至少3次该活动的人都表现出积极的应变能力，他们的压力水平也更低。

6.1 重获新生的涟漪效应

拉姆娅·恩伯尔（Ramya Embar）是“RRRnR”项目的受益者之一，穆克塔也是她的导师，她从穆克塔那里得到的指导透着坚定，也滋养人。拉姆娅仍记得自己在住院实习期间常常走在崩溃的边缘：“我记得刚到美国时我就哭了，因为潘达医生对我的要求非常高，但也许是因为那时的我还不够成熟吧。实习期间，我还因为超长的工作时间哭过。”她仍记得自己曾对穆克塔抱怨道：“这份工作让我看不到未来，我不知道自己为什么要做这份工作。”穆克塔通过问问题，帮她回到自己一些人生重要的事情上来，例如，你的人生使命是什么？这让拉姆娅想起自己在儿时曾一连几个月和祖母一起在印度的特蕾莎修女慈善团所做的工作，在那里，她看到了有些病人恢复好转，也看到了有些病人临终辞世，正是这些经历让她下定决心要做一名医师，父母也支持她的这个梦想。

“当人处于崩溃的边缘时，就会想到这些，”拉姆娅说，“我需要的不是答案，而是一个对的问题。我开始写日记。”有一次拉姆娅觉得压力极其大，于是按照母亲教给她的做法，每天记一条发生的好事情。等遇到艰难的日子时，她就打开本子读这些事情，“这样我就可以从中发现活着的意义，让我继续前行”。

穆克塔也教会了拉姆娅其他一些面对压力的做法，例如，每天都规律地做一些让人能够充电的事，简单的比如花时间好好吃午饭，或是找同事、导师谈话；另外，想办法让自己在身心上暂时和工作脱开一小段时间——拉姆娅的做法是，做一些和医疗领域完全无关的事。“我会走到河边一个常去的地方，在我最喜欢的那棵树下坐着听音乐。此外，我每周一晚上还教大家学梵文。”

让拉姆娅感到受益的，不只是这样一些恢复性的活动，还有她与导师之间的互动。辅导她的导师都很好，她半夜三点给他们打电话求救如何处置病患，他们都会接。与导师之间的互动帮她克服了那种隔绝感，持续的对话让她得以透过自己的整个人生来看待这段专业训练，这为她关切自己的情绪变得更有觉知开辟了一条路。

“是潘达医生教会了我如何与病患进行心与心的对话，”拉姆娅说道，“说医患之间进行‘心与心的对话’可能会让人理解不了，我的意思是，人对话交流的是思想，但所说的东西却会影响人的内心、情绪、情感。是潘达医生帮我做到了以敞开自己情感的方式来与病患交流。”

这种与病患之间的更“临在当下”的相处模式，也给拉姆娅带来了愉悦：“我喜欢与病人一起开怀大笑的感觉。根据传统的做法，病人都是被医生匆匆地处置。但会有病人这么对我说：‘医生，感谢你肯花时间和我说话，其他医生都不像你这样，把前因后果都和我说清楚。’”

慢下来去关注自己的内在状态，让拉姆娅得以从压力状态中恢复，也让她得以把自己呈现在病患面前，她通过关爱自己的真我也给其他人带去了更多的关爱。

如今有一种新型暴力正四处蔓延，那些想通过非暴力方式来求得和平的理想主义人士最易沾染，那就是：搞事太多，活动过度。

——托马斯·默顿（Thomas Merton）

6.2 我写书时的亲身经历

拉姆娅的故事启发了我,让我能更深入地领会“照顾自己”和“关爱真我”两者的不同。我一直记得一位我采访过的领导者所说的话：“身心俱疲的人是不可能有创造力的。”就在我即将完成本书写作的那段时间里，为了赶截止日期，我每天工作的时间越来越长，晚上和周末也搭进去了。我之前说过，创造力是我骨子里的东西，然而那段时间的我却会多次在半夜醒来，不得不把一些写作思路写在纸上。我身体里的肾上腺素大起大落，我试了很多处理方法，针灸、深呼吸、暂时戒掉咖啡，我还去做了甲状腺检查，甚至做了心电图看是不是心脏出了问题。幸运的是，体检结果从数字上表明我仍很健康。等过了几个星期，一天中午过后，我把初稿交出去了，马上感觉长长地舒了一口气。大家都建议我去睡一觉，然而环境嘈杂、日光强烈，没法睡觉，我于是决定带上我的佳能相机出去散个步。近乎九个月以来我都一直没给自己安排时间搞摄影，甚至也没安排任何玩的时间。当我从房子里走出来，我感觉到了左手握着的相机那沉甸甸的分量，也感觉到了那长镜头的重感，这时我觉得身上原有的沉重已释然而去，我觉得我又是我自己了。就在那一刻，我可以在自己身体里体会到我所说的“真我”的存在。又过了一会儿，我沐浴在阳光中，坐在地上和我儿子通着电话，儿子已经长大，他在这个国家的另一端生活，刚开始一份与他自己心灵相契合的工作。与他谈笑间，我自己身上更多的“真我”开始呈现，这时的我能觉察到我同时还是位母亲。

“照顾自己”的说法乍看上去像在说照顾好身体的意思，然而这其中的要点是，需要通过一些活动来帮助自己恢复更深处的元气，留出时间给到一些事情和我们最爱的人，这样我们活着的热情之源才会得到源源不断的补给，而这些做法其实是在“关爱真我”。要保持身心良好的状态，需要我们照料好自己身心的完整性，不要等到做完一个大项目之后再来做这样的事，应该创造时间来与自己的真我相接，这样的相接也将反哺于我们，所谓“磨刀不误砍柴工”。

托马斯·默顿有句这样的话：“当人任由太多自相冲突的顾虑席卷自己，屈从于太多这样那样的要求，委身于太多这样那样的项目，太过想要事事以帮助他人为第一要务，这无异于接受暴力对自己的蹂躏。爱搞事的人脚不沾地地疯忙，本为求取平和宁静才去做的那些事也早被这疯忙冲散，本可结出的丰硕成果被踩烂，而那本可以结出丰硕果实的智慧之根也遭到了扼杀。”

因此，关爱自己的真我特别重要，那是我们“我之为我”的内核。如果去关爱真我，就会去倾听自己的情感、恐惧等这些很少被明说出来的东西。是什么造成了自己心灵深处的枯竭，向自己提问、发出该问的问题，通过这些思考，重新让自己的心灵充盈起来，这样才能去面对作为一个“人”时时刻刻都要面临的挑战，同时锻造我们的韧劲。从这些方面对内在进行聆听是一个持续不断的过程，不会一蹴而就。留出一些时间来进行反思，可以让人更加自觉自知，在这个过程中如果还能得到他人没有评判的支持，帮助会更大。

人的一生得围绕着这样一个问题展开：“如何紧紧守住我做一份工作的热情和投入？时时拷问自己、同事、所在机构，是否忠于这项事业最深处的意义价值？”

——帕克·帕尔默

6.3　创造性地应对痛苦

薇拉（Vera）是一家社区基金会的高管，已在这里工作很多年，她的价值也得到大家的肯定，无论是对客户还是对同事，她都追求精益求精。可自慢性自身免疫性疾病开始在她身上周期性地发作以来，她不得不左请一天假、右请一天假待在家里养病。这个病情一般她都不告诉别人，这也使得她在病体之外新增了一种孤独感。后来当她终于鼓起勇气向她所带领的主管团队和盘托出时，大家都表达了接纳，也都积极想办法帮助她。大家觉得机构有关短期病假的政策应当修订一下，应该将这种时不时出现的病情纳入政策考虑。

可即便她得到了所在机构的大力支持，“间歇性病假政策”也出台了，薇拉还是觉得她的病情很不好办，尤其是当工作很忙、压力很大的时候。她有了辞掉工作一段时间的想法，想看看会不会有利于自己康复，也让她更好地处置病情。此外，她还有一个与日俱增的心愿，那就是多花些时间陪陪自己的母亲，母亲退休了，很想和子女们出去旅行。

“几年前父亲离世，母亲就对我们几个儿女说：‘我不想等到躺在病床上或是我埋进土里的那一天你们才来看我，我想在还活着的时候和你们在一起。’”薇拉有了一个念头，给自己安排一个“社会人士的间隔年”[①]（adult gap year）或是一段时间的“学术假”[②]（sabbatical），然后带着母亲造访南极洲，那是母亲唯一还没有踏足过的地球上的大洲，还想造访那些列在母亲遗愿清单（bucket list）

---

① “间隔年”（gap year）一般指西方高中生在进入大学之前或大学生开始工作之前特意空出一年左右的时间，利用这段时间观光旅游、参与义工、体验生活、参与国际交流项目等，以让自己的人生更加充实丰富。而现在，国内外也有很多中年人愿意暂时放下事业、家庭来进行这样的安排，以寻找人生的意义或为自己人生转型进行准备，这便是文中所说的“社会人士的间隔年”。——译者注

② “学术假”又称“学术休假”（sabbatical），是指大学中允许老师暂停手头工作而安排一段时间用于研究、旅行的休假，通常是带薪的休假。——译者注

上的不曾到过的美国的20个州。像这种既要有“闲”又要有“钱”地带着母亲旅行并让自己从日常工作的压力中解放出来的奢侈想法，似乎是一个很值得去做但又很不容易实现的目标。

薇拉的主管觉得她确实需要一些时间来休养生息，于是在2013年推荐她去参加《领导的勇气》系列退思会。在接下来的18个月里，薇拉学会了反思的技能，同为领导者身份的伙伴组成的社群也给了她积极的支持，最后她终于觉得有了足够的安全感来面对自己的健康状况，来面对自己在身体难支和工作难舍两者间的左右为难，她敢于完全地呈现自己的难处了。她把自己想要进行学术休假的想法和计划同一小圈领导者、最密切的同事进行了分享，大家听了之后都鼓励她勇于提出自己的需求，还鼓励她要先关照好自己，才能为公众、为社会提供长久的服务。

薇拉想清了自己的核心价值主张，也明确知道了她需要照顾好自己，于是她做好了资金方面的安排，准备将2017年一整年都用来给自己安排学术休假。参加系列退思会、从同伴那里得到支持，帮薇拉又向前迈了一步。她制订了休假计划以及之后的一些安排，让这次休假能真正地充盈自己的心灵，为她下一段职业生涯注入新活力；面对自己的工作单位，薇拉也能做到有什么说什么，观点明确、信任满满——而这一切都始于她有了关爱真我的勇气。薇拉让所在单位得以有一年的提前期来进行准备，她与同事之间也做好了各项安排，以便她可以慢慢将手头一些项目交出去，她还帮助单位招聘自己的继任者。

薇拉的故事，正力行了下面这段帕克·帕尔默对领导者的劝谏：“有人会误以为组织是一种足以限制我们的外物，仿佛组织拥有着可以让我们无望无助的力量，可这在很大程度上只是人无意识中的一种假设，完全不是那么回事，领导者必须要能看穿并揭露这个假象。”当薇拉获得了力量感和勇气之后，她不仅能够照顾好自己，而且让组织看到了增加间歇性病假政策的需要，还让大家从组织的系统性改进中受益；她与所在组织一起，创造性地安排了一个间隔年，同时也没给组织造成问题。然而，“关爱真我”并不是通过安排一段时间的休假就能够完全做到的，这是一种人与内在统一、与外在一致地活出来的状态。

关爱真我、进行系统性的变革，需要领导者将实情直言不讳地说出来，也需要其他的领导者听得进去并有所回应、真正关心员工的身心健康。薇拉是幸运的，她所在的组织中的领导层愿意做出改变，也很开放，这让双赢的解决方案得以出现。

信仰越深，要忍受的疑虑也越多；希望越大，失望就越容易到来；爱得越深，失去后的痛苦也将越大——这些都是我们生而为人所要接纳的悖论。如果不想接纳，只想生活在没有疑虑、没有失望、没有痛苦的世界里，那我们的世界中也将不再有信仰、不再有希望、不再有爱。

——帕克·帕尔默

6.4　获得新生的绵绵之路

当人需要关照自己时是怎样的感觉？过得非常艰难的那几天，你会用什么词来形容自己？灰头土脸、精疲力竭、心力交瘁、心灰意冷……这些词听上去都没有“完整感”，都有种支离破碎、残垣断壁的味道，这正是人内心感觉的写照。当人疲惫不堪的时候，是很难把最好的自己和完整的心带到工作中、带给身边人的。这时，重获新生就非常重要了。

人如果能做到自觉自知，又能关爱真我，能从自我反思中找到一些意义感，还能在可以让人里外合一地迈出下一步的社群中进行反思时，人也就获得了韧劲。这时人不仅会获得持久的耐力，还会对未来产生一种新生的、长久的意义感。明白什么是自己要做的，能够给自己带来愉悦感，让自己的内在重新充满电。然而，人内在的“电池”也只能充放电那么几次，然后就需要换新电池了。

关爱真我之路是一条绵绵之路，是一种人活出来的状态。人通常不是防患于未然，都是要等到有东西崩塌了，才来亡羊补牢。为了能做到带着觉知生活，为了活得滋润，不断获得新生应当成为人的一种习惯；而拥有一个能让你完全打开、完全有安全感的支持社群也是让你可以固本强基、重获新生的关键。

你在何处可以全然地做你自己？面对哪些人你能做到坦诚相告？为了迈向让大家好好地生活的这个单纯的目标，你和这些人会规律性地碰面吗？试着去找到这样的所在，让自己可以被他人深度聆听，让他人可以向自己发出拷问——既可以是一个心理咨询的场合，也可以是在教堂里，或是其他的一些做法，找找看在哪儿能有这样的可能。

弄清自己的生命故事、是什么让自己走到了今天、自己带着怎样的疤痕、又是什么一直支撑着自己，会对自己很有帮助。当我们带着柔情看到自己身上的真我，就会有心力去处理那些还未处理好的事情；当我们知道自己有什么样的情感、内在发生着怎样的状况，就能从中懂得一些东西，并更好地处理自己的情感与内在，一条更有勇气的道路也便在我们的人生之间被开辟出来。

第7章

回应召唤的勇气

每件事情的发生都能教你一些东西，但其中的秘诀是，你得好好地坐在生命脚下聆听它的教诲。

——作家、雕塑家，波莉·贝伦兹（Polly Berends）

乔纳森·蔡克纳（Jonathan Zeichner）从小在康涅狄格州城郊的一个中产社区长大，12岁时父母离婚，他也随之搬到了纽黑文市[①]城中区的一个环境不算好的地方生活。他上中学时，学生们带刀带枪到学校和老师打斗的事并不鲜见。学校里只有十分之一的学生是白种人，乔纳森是犹太人，在学校时的他不时需要做好保护自己的准备。

“我明白了一个道理，不能任人宰割，也不能成为众矢之的，为了自己要敢于站起来，于是我不得不显出一副不好惹的样子。”那时的他，除了懂得如何在这种环境中生存下来，还明白了另一条道理：“我在很早的时候就发现，有些大家共通的东西是超越阶级和种族的，比如艺术、音乐、电影、流行文化等。”

高中毕业后，乔纳森先到了旧金山湾区，后又搬到洛杉矶，成了舞台和荧幕上的一名导演、剧作家。每搬一次家，乔纳森都要面

① 纽黑文市又称纽海文市、纽哈芬市，为美国康涅狄格州的第二大城市，世界著名的耶鲁大学就坐落在此。——译者注

临一个挑战，那就是如何照料他的哥哥。乔纳森的哥哥患有精神分裂症，有时流落街头，有时生病住院，有时被关监狱。很长一段时间以来，乔纳森是哥哥的救生绳，也是哥哥和其他家人联结的桥梁。有时，他成了哥哥还留有的与现实打交道的一个锚点。

“每次搬家，哥哥都会随我而行。而我每次决定要搬家时，心里都很不舒服，觉得自己像是为了撇下他似的。真的很不容易，但我最终想通了，如果我的生活和工作囿于一地，这对大家都没好处。”

1989 年，乔纳森还在洛杉矶从事娱乐行业工作，他遇到了一个做舞台剧的组织，主要为精神病患者和无家可归的人提供帮助。他便和他们一起干了起来，因为这样的工作可以对像他哥哥一样的人有所助益。“我再一次看到了艺术的超越性，超越人与人之间的不同，超越人与人之间在阶级、语言、成长背景以及各种‘我们这种人、他们那种人’之间的不同。”

“1992 年，有关罗德尼·金[①]（Rodney King）袭警案件宣判之后，民众的暴动声势浩大。我在电视上看了整个暴动事件的发酵过程，引起我特别关注的是参与其间的少年们，”乔纳森说，“他们是被卷入这场愤慨偾张的运动中去的，然而他们的行动对整个社会并没有太大的帮助，对历史的发展也很难力挽狂澜。由此我就想，我们需要为青年人提供一些更健康、更有力量感、更能起到积极作用的方式，让他们来表达自己的心声，而不是诉诸暴力。”

1993 年，乔纳森与其他志同道合的伙伴一起发起了一个叫“学校行动”的项目，这个项目最终发展成了一家名为“由内而外社区艺术”（Inside Out Community Arts）的非营利机构，乔纳森和他另

① 罗德尼·金（1965 —2012），非裔美国人，出生于加利福尼亚首府萨克拉门托。1991 年 3 月 3 日，因超速被洛杉矶警方追逐，被截停后拒捕袭警，遭到警方用警棍暴力制服。1992 年，法院判决逮捕罗德尼·金的四名白人警察无罪，从而引发了 1992 年的洛杉矶暴动，暴动指向的就是这种存在于国家体制中的种族歧视。——译者注

一位教表演艺术的朋友成了该机构的共同创始人。随后十年间，乔纳森虽然还在继续做着他的编剧和导演的工作，但慢慢地，他就从娱乐业脱开，几乎全都投身在对“由内而外社区艺术”的运营上。在这家机构工作 16 年后，有人想请他去另一家类似的非营利机构就职。那家机构位于洛杉矶中南部，做一些课后教学活动方面的课程，包括艺术、心理辅导、运动、营养等，还为家庭贫困的青年人和家庭提供大学奖学金。那家机构运作不善，有人就想请乔纳森去挽救一下。

那家机构名叫“有个地方叫作家”（A Place Called Home，简称 APCH），他们的运作的确已摇摇欲坠：基础设施陈旧不堪，资金支持也不到位，员工困顿，士气低落，而且机构的决策一般都由理事会通过闭门会议做出，虽说理事会成员和领导者的本心都不坏，却造成了信任丧失、满意感低下的文化氛围。

当有人找上门来想让乔纳森出任总干事一职时，他就明白，他将面对的是这家机构的生死时刻。他也明白，如果答应了，那么他无论如何也要把这件事做成。

“面对这个召唤，我花了些时间来思考，做了大量的冥想和咨询。我用三个月时间常去造访 APCH，把里里外外都了解了一番，看它是否适合我这个人、我这个领导者。最终，就像所有的‘牵手关系’一样，信息和数据都了解充分之后，只能凭直觉来感知了。我的决定是‘去’！”

乔纳森把自己的人生看作一个展开来的轨迹，有机而又必然。“我做的都是我受到召唤、对我个人发展阶段也有意义的事。就算出了错——如果经历那场错是必然的——这样的经历也能让我变得倍加谦卑、倍加受益。我从未做过不体现自己价值观的事情，也从未因好奇而去做某项工作。我通常都从这个过程中学到很多，有时学习代价还不菲，然后我会把自己所学运用到下一个工作场景中。”

“接受‘有个地方叫作家’的这份工作，无疑需要我从一个‘已知域’走向一个‘未知域’，这对作为领导者的我提出了不一样的要求。就这家机构的员工而言，如果不去触碰他们的伤痕、他们的需求以及他们的恐惧，这个机构的宗旨在运作中就不可能拥有强而有力、真实健康的基础。理事会和员工都需要被重新点燃希望。”要完成这些挑战，乔纳森知道自己也需要成长。

“多年来，我一直认为‘领导’就应该有‘领导’的样子——树立愿景、有效组织，在工作中身先士卒。可我通过自己的反思意识到，组织中的人不需要我表现出像个领导者的样子，他们需要的是我把真正的自己呈现出来。这个意识上的转变，既为我打开了新的一扇窗，又让我觉得安稳。”

“我从16岁时起就自己一个人闯荡，身边没有可以作为榜样的大人，一路走来，我形成了有事就做事、把事做好了就完的习惯。‘勇气之路’的理念则教会我，人需要一个更为恒常的内在，这个内心的圣地可以让人汲取力量，赖以依靠。”他还明白，他可以把自己的每一面都带到自己的领导力中，因为是这些构成了他的“真我”。这样一来，他也就能坦然接受自己也有无知的时候，让自己变得谦卑，敢于试错。

“在开始时，所有的动作都是一种尝试，因为我从没做过这种扭转残局的事情。我开始着手做一些调整，同时也深入事情背后根本的基石上，为饱受折磨的员工带去新的信念和希冀，让他们相信自己所做工作的价值，相信组织可以去往一个更新、更好的地方。”

乔纳森提到，在自己早些年的工作中，作为领导者的他只会展现出这个角色的一面，“现在，当需要我表现得像个老板时，我仍然可以做到，但这种情况越来越少了。大部分情况下，我把自己本来的样子呈现出来就好，而这也让其他人获得了成长，让其他人也可以站出来成为领导者”。

让我们从最深刻的角度来理解什么叫作人生事业："所谓人生事业就是那些自己不可能不去做的事，个中原因很难向他人道明，连自己也不能完全理解，但它却强烈地推着自己行事。"

——帕克·帕尔默

7.1 聆听人生事业的召唤

正如乔纳森所见，彰显勇气的领导力，其根基是将自己全然地带到工作中。为了应对当今世界的种种挑战，我们需要富有激情、富有创造力的人，我们希望这样的人越多越好。因而我们也需要这样的人发现自己的天赋，觉察自己的阴影；需要敢于把自己呈现在他人面前去引导，去身体力行，将自己投身于这漫漫长路。如果遇到艰难险阻——这事儿常常发生——那么还需要领导者从对意义与宗旨的探寻中、从对自己伤心与愉悦的解读中获得觉知。

当我们去寻找有意义的工作或人生事业时，常规的做法都是去找有哪些工作或职业与自己的长处相匹配。因此市面上也出现了不计其数的帮人识别自己个性、优势、兴趣方向等的书和工具，帮助大家判断自己所找的工作是否与此相符。这些做法都没问题，也有其价值，然而这还只是问题的一个方面。

英文中表示"人生事业"的词 vocation 源于拉丁语表示"声音"的词根[①]，所以，寻找自己的人生事业首先要做的是去倾听自己生命的声音——不是那叫嚣着如何功成名就的声音，也不是那让你步人后尘照搬他人经验的声音，也不是那苛求自己、谴责自己的声音，这样的声音都是人的小我在煞有介事地要求我们把人生变成一种不是它原本的样子，我们要倾听的不是这样的声音。

① 拉丁语中表示"声音"的单词是 vox，拉丁词根"voc"则表示与声音有关的词汇。——译者注

帕克·帕尔默在《与自己的生命对话》一书中写道:“人生事业不是一种用来追逐的目标，而是人听到的召唤。在人明白要用自己的生命去做什么之前，须得先听到自己生命的声音，需要它先来告诉我们，我们是谁。”

你是否曾注意到，无论所做的工作是预料之中的还是预料之外的，自己的生命都在告诉你一些东西，都在邀请你把自己呈现出来。聆听生命所发出的声音——包括聆听自己方方面面的所有生命体验，伤心、懊悔、欢愉……这样的过程能帮人厘清思路，获得勇气，把真我带到人一生的事业中。

“真我”不只是“工作中的自己”，不只是“最好的自己”，是要呈现**完完全全**的自己。当领导者完完全全地呈现自己时，并不会只把别人所期待、所需要、所接受的自己呈现出来。我们在这里向大家发出的邀请是，将“自己是谁”（人的“心之所往”）与“要干什么”（人的“身之所从”）两者重归一处。注意这里说的是“**重归一处**”，因为我们的前提假设是，在每个人的内心深处，人的真我对这些本质的问题早已清晰明了[①]。旁边的声音、权威数据、外在环境、恐惧，这些都会使人将自己最本质内核的很多东西加以掩藏，或是遗忘，然而那些被掩藏、被遗忘的东西原本就无须掩藏，也无须遗忘。人生事业并非是外部期望、人的能力、人的才华的简单加减乘除，它是人对自己内在的觉知，看自己的生命要将自己带向何方，是一个将人“心之所往”与“身之所从”重归一处的过程。可以说，所谓“召唤”，就是人的生命在发声，而“人生事业”就是人通过选择做什么样的工作来回应这个召唤。(有一种音乐形式就叫“里音外和”，它是一种有人发出召唤、然后有人应和的演唱形式，例如古时候的

---

① 参见本书第 1 章“圆圈准则”小节中的“互动准则”部分，其中的“彼此之间不修正、不解救、不提建议，也不指正”这一准则的前提假设，正是这里所说的“人的真我对这些本质的问题本就清晰明了”。——译者注

福音音乐、“谁人乐队”[1] 的《我这一代》、“斯特普尔家歌手团”[2] 的《我将与你同去》等歌曲。）

在乔纳森的例子中，一名领导者将“心之所往”与“身之所从”重归一处的过程，并不是一个按规定操作步骤一步步执行出来的过程，而是一个将人对真我、对完完全全的自己的感知逐渐整合到所做工作中的过程，这个过程需要时间。

人生事业并不意味着人的一生只能从一而终地做某项工作：有些领导者会有意识地选择自己的人生事业之路，有意去寻找有意义的工作；有些领导者则表示自己从未将自己手中的工作当作回应召唤的结果，只是“当下的一个特别项目”而已。

人活着而没有打开，是不会有激情的，所谓没有打开地活着，是指本来能活得更宽广的人只偏安于一种小生活的情况。

——纳尔逊·曼德拉（Nelson Mandela）

7.2 何为“召唤”

谈到与职业相关的话题时，你会如何看待“召唤”？你会将自己所做的职业或自己生活的其他方面视为你的人生召唤吗？布赖

① “谁人乐队”（The Who）于1964年在伦敦成立，有4位成员：主唱罗杰·达尔特瑞、贝斯手约翰·恩特维斯托、鼓手凯斯·穆恩、吉他手彼得·汤森德。与众多摇滚乐队不同，“谁人乐队”将他们的节奏立足于汤森德的吉他之上，穆恩和恩特维斯托在此基础上即兴发挥，而达尔特瑞也随之引吭高歌，这样的音乐风格，便是本书所说的“里音外和”（call-and-response style）。类比于人先有内在的“人生召唤”（“里音”），再有人以从事某种外在的人生事业作为“回应”（“外和”）。——译者注

② “斯特普尔家歌手团”（Staple Singers）是一个演唱美国福音、乡村灵魂乐、R&B的由家族成员组成的歌唱组合。——译者注

恩·迪克（Bryan Dik）和瑞安·达菲（Ryan Duffy）两名研究者也对这些问题进行了研究。他们发现有68%的人会将自己所做的事看成是自己的人生召唤，不过其中有着两个不同的视角："新古典主义"视角和"现代"视角。从"新古典主义"视角看，人们觉得召唤是从神、从某种灵性、从某种社会需要、从某种宿命或是从某些家庭传承这些"外源性"方面感知到的；与之相对的是，"现代"视角认为召唤是人从个体的幸福、个体的自我实现等"内源性"方面感知到的。但从这两个角度看待召唤也有共同点，即都强调个人与所做工作的"匹配"，也都包含有服务于他人、让世界变得更好的出发点。

乔纳森说道："我知道有很多被感召而为他人、为这个世界做事的人，在这个过程中也同时在疗愈自己，发掘自己作为一个人的价值。我也一样。不是我选择了这样的工作，而是这样的工作选择了我，是这样的工作让我每一天都觉得心有戚戚，每一天都觉得天生我材而有用。"

研究者发现，那些将自己的工作看作人生召唤的人可能从几个不同的视角来看待自己所做的事：或视之为对"工匠精神"的追求（把事"做"好），或视之为一种"服务奉献"（做"好"事），或视之为是要与人"结伴而行"的事（与人"一起"做事）。当然我们无须限于其中单一的视角，这几个角度可以相互映照。那么，你是从什么视角来看待自己所做的工作的呢？你有没有注意到，不同的人生意义或在不同的人生阶段会更需要其中的某个视角？仿佛无论你从何种视角来定义，召唤都是当人觉察到自己的生命线索时，一种发端于人内在的东西。

你的生命会给你映照，会邀请你走上适合你的工作，为此，知道如何聆听"人生事业的声音"就显得非常重要了。你是如何留意于你的生命提供给你的线索的？又是如何通过所选择的事业来加以回应的？

就从一种如鲠在喉的感受着手，从那深切的思乡情开始着手，从那狂烈的相思病开始着手，然后，带着这些东西，跑起来。

——教育家、设计师，黛比·米尔曼（Debbie Millman）

7.3 于艰难抉择中找寻自己的声音

还有一种感知人生事业的方法是通过走“后门”的方式进行的，也叫“反面教材法”（*via negativa*），即通过排除法、了解阴影面、苦与痛来找寻人生事业。采取这种做法时，不是去看自己的长处或兴趣所在，而是去看自己的短板、让自己心痛的东西，这些东西会告诉你该去往何处。“自己不该是什么”“在某些场景中活不出自己来”“自己拖着自己的后腿”，人往往能够从这些反面教材的觉醒中认识到什么才是他们真正该做的事。

我们有时之所以会拖自己后腿，是因为我们觉得必须顾及他人，乃至于将其凌驾于自己的想法之上，这种“必须”带来的无助让我们像拔河一样左右拉扯。活出了别人的人生、满足了别人的期待，抑或是满足了自己对自己的“伪期待”，都会妨碍我们的身心完整，让我们做不了自己该做的事。

找到并活出自己的人生事业需要勇气，因为做出这样的抉择并不简单，也有代价。离开“已知域”是需要冒险的，哪怕这个“已知域”是一些不好的行为习惯；要迈入“未知域”也需要冒险——你有没有过怕不受待见、怕被人觉得不够好、怕不知道该怎么办的时候？一旦我们感受到了冲突和恐惧，我们就会把自己原本的样子隐藏起来，并且（有意无意地）不显露自己的天赋，即使那时的场景需要我们展现自己的天赋；我们怕被责罚、怕被羞辱、怕被拒绝、怕被看不起，也害怕没人愿意听我们的、怕别人认为我们无甚价值。于是，我们选择了苟安求稳。

当到了某个重要的节点，当我们终于决定不再害怕时，就会开始探寻勇敢真我发出的声音。每当我们做出艰难抉择，表明立场，把自己呈现出来让人看到、让人听到，或是选择离开、继续自己前行的路时——在这样的时刻，我们的生命都在发出响亮的声音。当我们决定担起更多的领导职责时，我们就是在对召唤做出回应。当我们依据自己的自由意志做出抉择、让自己走在回应召唤的路上时，我们就是在活出自己的人生。

也许我们一时还无法立马感觉到这种新生的暖怀，但如果细细品味，就会发现自己的呼吸自由了，睡眠深沉了，步履轻盈了，接下来要做的事正等待我们去开启。

不必问这世界需要什么，就问问什么能让自己有活过来的感觉，然后行动就是了——因为，这个世界需要的无非就是活过来的人而已。

——霍华德·瑟曼

7.4 寻找真我声音，获取创生之勇

冒险涉足“未知域”，这样的能力只有深深植根在人生事业的沃土中才能出现。领导者正是通过营建对自己的信任，进而营建对他人的信任来培养这种能力的。在让自己的人生和领导力再上一个台阶的路上，领导者需要涉险，需要将自己更多地呈现出来，通过容受自身长处与短处之间的悖论，让自己愿意涉险的范围不断扩展。

约翰·保罗·莱德里奇（John Paul Lederach）在《道德意想》（*The Moral Imagination*）一书中写道：“在不可能中发现创造性的做

法，能这样做的人并不是因为他们受过专业的训练，也不是因为他们天分才情高，而是因为这个领域本来就是他们的生生之所。如果去看他们所做回应的本质，就会发现其实质并不在于具体是怎么做的，而在于他们是怎样的人，他们如何看待自己与他人之间的关系，他们做到了言为'生'声。"莱德里奇继续提到，所谓"走向变革之路"，就是需要人敢于裸露弱点，愿意冒险。

乔纳森锤炼着自己的意愿，让自己敢于诚实地内观，敢于在员工面前做真实的自己，这一点正和"有个地方叫作家"机构的使命相互映衬。他看到了人的长处与弱处之间的悖论，看到了这样的悖论如何可以带出人的勇气。他说："在洛杉矶中南部地区长大的孩子，以及在其他类似地方长大的孩子，虽然适应都市生活，在很多方面发展得也很好，但在其他的方面却不够成熟，仍很幼稚。世上也有很多成功人士，虽然精明强干，为这个世界做了很多事情，内心却留有恐惧，与自己的价值观也失联了。无论是从什么生态中走出来的人，当需要走出'已知域'时，当需要应对机遇时，这样的时刻就都是人的勇气在施展身手的时候。"

乔纳森记得这样一件事。那天他带着一群孩子在附近拍照，正要通过一座横亘在 110 号高速公路之上的桥。当他们走在桥上时，有个男孩忽然停了下来，盯着桥下的车流看，其他孩子都已经往前走了，他还在那里凝视。乔纳森跑回来问他："怎么了？"男孩眼睛都没抬，目不转睛地看着疾驰而过的车辆，问道："他们这都是要上哪儿？"乔纳森永远也忘不了当时那一刻，男孩的生命借助那高速路上的车流发出了召唤。"对这个男孩来说，这就是顿悟一刻，他懂得了在自己的生活周遭和自己的感受之外，还存在着一整个世界。"

古波斯诗人鲁米（Rumi）有一句名言，乔纳森很喜欢："可以害怕，但不要让害怕驱使你前进。"他解释说："我曾以为有勇气就是不害怕，不过我现在理解的是，有勇气并非是要人排除害怕的感觉——世上叫人怕的东西太多了。勇气能帮我们学会如何去应对害怕。对所有人来说这一点意义重大，尤其是对生活在我们这个区域的孩子、员工、居民。在我们这里，很容易惹上麻烦，也很容易受诱惑沾染上不健康的东西、自毁前程，我们需要明白的是，人可以允许自己有各种各样的感受，但最终要自主地选择如何应对，而不是被感受所俘虏……这才是真正的勇气。”

真正的领导力不会从发号施令中来，而是从人内在之声的萌动中来。真正的领导力在于认识到，从梦想跨入现实的时机已然到来。

——马德琳·奥尔布赖特[①]（Madeline Albright）

7.5 让勇气发声

我们从勇气与新生中心 25 年来的工作中、从人类社会变革的运动中发现，将“我们是谁”与“我们做什么”两者重归一处对大家而言有整体上的好处。当人找到了自己的声音，似乎也会很想要为还没发出声音的其他人呐喊。有些东西是一种更大的存在，超越了人个体的自己，为着这更大的存在而做贡献，正是一条“勇气之路”。但要做到这一点，需要个体先重获新生，然后才有组织、社群、机构的积极变革与成长。

与勇气相关的一些原则和做法、拥有一个支持性的社群，可以让领导者获得表达自己感受的语言体系，能帮领导者确认自己从内

① 马德琳·奥尔布赖特（1937—2022），1997 年 1 月至 2001 年 1 月任美国第 64 任国务卿，是美国历史上第一位女性国务卿。——译者注

在获得的直觉，相信自己走在正确的路上，还能帮助领导者更加清晰地去看该何去何从。有些时候，前进意味着担当更大的责任，发出更多的声音去引领他人；另一些时候，领导者也会认识到自己选错了地方，准备好去成长、更改航道，这时向前进则意味着从某个位子上退下来，带着自己的声音到另一个地方去引领他人，可以是同一个组织里的其他地方，也可以是完全不同的另一个地方。

当我们将“我们是谁”与“我们做什么”重归一处时，我们也为关系型信任的建设搭好了舞台。有了关系型信任，我们就能打造出合作更好、影响更大的社群。在这个过程中的每一步，我们都要调谐好频道，去聆听生命是如何向我们发出召唤的，以便我们可以带着勇气给出我们的回应。

第8章

倾听与提问的勇气

好的社群能帮人走向真我，因为只有在社群中，人的自我才能得到历练，成就自我的本性——有取有予，有听有说，既有活出来的状态，也有行动上的作为。

——帕克·帕尔默

格雷格·森特（Greg Sunter）一直都习惯于站在台前，主导着他要讲授的学习内容。最开始时他是一名老师，后来曾担任学校的领导职务，现在在澳大利亚布里斯班做一名教育咨询顾问。现在他对自己要讲的内容已经不再有控制欲了，也不再以专家的身份出现，他更关注“如何能邀请其他人参与到对话中来，而不是由我自己来主导谈话”，他会通过问问题的方式让大家参与进来。

当一所小学邀请他做咨询时，他就是秉持着这样的理念去的。这所小学想要请他解决员工文化上的问题：学校里士气一直很低，两年间学校领导层的人换了个遍，人与人之间的关系非常紧张——有种像毒素一样的东西在文化中生长着。学校的管理者对格雷格说，他们不指望通过这一天半的时间就解决所有问题，但他们想要开启“排毒”的过程。

格雷格与全体老师和行政工作人员找了一个外部的会议场地，展开了两天的进修学习，这两天大家吃住都在一起。前几年，进修学习都被安排在学校里举行，因此这次一起来到一个环境优美的外部场地共处两天，对大家来说是个非常难得的机会。大家围着圆形宴会桌开始了这次活动。

格雷格先安排大家以个人以及小组为单位，探寻大家目前感知到的人生事业和人生使命，接着列了三个问题让大家讨论：大家觉得我们在这个教职工群体中有哪些做法要停止？有哪些做法应鼓励继续保持？还有哪些缺失的做法需要开启？格雷格事先没有预设大家会做出怎样的回答，也没有事先构思解决方案或是想好给大家安排什么培训项目，所以他并没有把这些问题当作敲门砖去引导大家走向他预想好的解决方案。他是真心想听一听这些有着诸多不满情绪的教职工是如何看待大家一起共事的状态的。

他先安排各人用 30 分钟的时间进行自我反思，把想到的东西写下来，然后再用一个半小时在各自的圆桌小组里相互分享，最后再邀请每组伙伴向全体参与者陈述。第一桌发言的伙伴提道：“我们觉得大家应该停止在背地里对彼此恶语中伤的这种行为了，还有，一群人坐在一起就进行负面的抱怨，这也应当停止。”第二桌发言时，说了几乎一样的话：“我们和第一组一样，觉得大家平时不要再抱怨个没完没了了。”

分享过半的时候，时间已超出原先预计的中午开饭时间，场地方的经理已经站在门口等着大家结束了，格雷格给那位经理递去眼色，他并不想打断当时大家正在进行中的这种状态，现场的人都在翘首以盼地等着每一组发言。

格雷格说：“我没想到大家一上来就能产生共识，可能大家早就等着这一天了吧，早就等着有人问他们‘你觉得这个教职工社群有哪些做法需要喊停？’……每组的发言都提到了这一点，令人非常震动。整体来看大家都对‘抱怨’感到厌倦，只是现在终于有机会说出来让彼此听到了。等我们中午休息吃饭时，副校长找到我说：‘我们付给你的那些咨询费值了。'”

那天的对话只是个开端，“毒素”也不可能一夜之间清除，但大家一起来讨论这几个共同的问题，为他们创造了共同的自我觉知。打开了这个大门，就会有倾听，就有了营建信任的可能。这些彼此疏离、充满负面情绪的同事开始彼此倾听，把关注点一起放到大家都觉得非常重要的话题上来。

在格雷格的咨询经历中，客户常请他做团建方面的活动，他则会告诉客户：“要提高群体的互动质量，最先需要的是营建信任，而在这方面首要的是让大家彼此倾听，真正地彼此对话，让大家都能表达自己，也听别人表达他们自己。我们得先进行信任方面的建设，然后大家才可能真正开始谈那些需要改变的东西。”

格雷格说：“勇气方面的实践可以让领导者暂停、反思，而不是直接一头扎到解决事情当中，这个过程能让领导者明白一个道理——领导者无须事事都懂，领导者可以向他人提出开放、真诚的问题，并把大家的回答作为真实地解决问题的贡献。这是一种很棒的领导行为，在传统管理世界中却很难见到。在传统管理世界看来，领导者应当是说一不二的人，站在众人前面引领大家，无须过问其他人有什么想法……但真正好的领导力却应该是我们上面说到的另外那种情形。”

提出开放、真诚的问题，倾听其他人对此的反思，无论是在退思会、工作中，还是在平时，都是一个绝佳的相互陪伴和共同转变的过程。当人得到了其他人不带评判的倾听，当人觉察到自己的短板或成就，同时还得到其他同伴的确认和接纳时，人就能变得更加自在。这种你来我往的对话营建了关系型信任，让其中的人更加地固本强基，也就更敢于涉险将自己呈现出来，表达出来；这个过程还会带出人最好的一面，反过来对组织、对其中的每一个人都产生积极作用。这种更高质量的提问和倾听，能成就更好的组织和更积极的组织绩效。

8.1 如何开放、真诚地提问

大部分人都知道，要进行高效且富有信任的对话，“提问”起很大作用，那么如何开放而真诚地提问呢？这是一项艺术，需要聆听者搁置预置观念，转而去深切地、真正地关心谈话者。开放真诚提问的最主要标志就是，这时提的问题连你自己也不可能预料对方会如何回答。之所以提问，是因为真心想知道对方是怎么想的，是因为真心想让对方参与到对话中，以了解和真正去倾听对方要说的话。

要想在提问时做到开放、真诚，有一些原则可以帮助大家。

- 不要问“是 / 否”“对 / 错”问题。
- 简明扼要、开门见山、切中要害，不要在问题中夹带自己的铺垫、理念，因为你可能会在其中掺杂自己的观点或建议。
- 使用对方惯用的语言来组织问题，不要在问题中加入自己的理解或投射。例如，“你说自己感到很悲哀，具体是指什么？”这是一个开放、真诚的问题；而“难道你同时不会也感到愤怒吗？”就不是开放、真诚的提问①。
- 提问的目的在于帮助对方探寻顾虑和忧愁，而不是为了满足自己的好奇心。

开放、真诚提问的目的，在于让我们跳出常规对话模式，走向探询和察辨，展开探索，打开真诚，而不直接跳到结论中或跑回到

① 作者在这里举例的背景假设是，有人在谈话中刚刚对你说了一段自己经历的不开心的事，然后说了一句“我感到很悲哀”。这时如果问对方，“你说自己觉得很悲哀，具体是指什么？”这是开放、真诚的提问，因为对方对“悲哀”的定义很可能和你的定义不同，你们两个人谈到悲哀这个词时，脑海中浮现的画面也很可能不相同。但如果你觉得，如果是你自己，在那种情况下除了悲哀还会生气，于是问对方“难道你同时不会也感到愤怒吗？”这就不是开放、真诚的提问，因为投射了自己在那种情况下的情绪反应。——译者注

一些既有的假设上。开放、真诚的提问可以帮助对方获得自我觉察、厘清思路，明白自己接下去该如何行动。

最佳的问题是在深度聆听中浮现的，当对方在某件事上备受困扰时，你在和他对话时不妨从这样的角度来考虑：为了帮对方理解所受的困扰，此时此刻尽我最大的努力，应该向他提出怎样的问题呢？

理想情况下，好的提问应该既包括对方刚刚说过的内容，又包括鼓励对方对刚刚所说的主题、意象进行更深的探索。多把注意力放在此时此刻，而不是预测接下来会怎样。

我问过一些领导者，他们曾听到过的最好的开放、真诚的问题是怎么样的。其中有个回答是我们勇气与新生中心的联合创始人及高级研究员马西·杰克逊提到的："我一直记得有个问题我很喜欢，帮我从自己的深井里爬了出来，是这么问的：'有什么东西会让你的心灵歌唱？'这是个很简单的问题，却把我这个时不时会过于严肃、事事都要想通、想透的人拉了回来，让我去关注那些能给我带来愉悦的东西。"

当我们学着去深度聆听他人时，我们也就能够深度地聆听自己了。

——帕克·帕尔默

8.2 不带修正意图的聆听

有位高管，我们权且叫他鲍勃，他与另一位同事之间关系紧张，这件事让他感觉到，他的个人价值遭到了质疑。鲍勃于是去找 CEO 迈克谈话，想听听他的建议，也想把自己不好的感受稍微发泄一下。鲍勃在迈克的办公室里来回踱步，难以平复。迈克并没有给他什么建议，也没有告诉他接下来具体该怎么做，而是有意地选择去问一些开放、真诚的问题。这些问题的答案会是什么，连迈克自己也不知道，但这样的提问能帮助鲍勃倾听自己内在的智慧之声。

迈克在听完鲍勃的整个故事之后，提了这些问题：你说感到自己的价值受到质疑，具体是指什么？这带给你怎样的感受？你还记得曾经也有过类似的感受，是什么时候的事？接下来你还想到了什么东西？

这些问题帮鲍勃把目前的状况和他在事件当中以及他过去生活中的其他一些情形都联系在了一起，让他从另一个视角来看待这段在职场中发生的事。鲍勃因此获得了新的视角，知道该如何去找那位同事进行后续谈话了。

这样的对话帮助鲍勃获得了洞察，没有评判，以好奇心为出发点，这个对话的基础前提则是迈克恰当的内在立场和出发点。迈克还力行了其他一些圆圈准则，营建了安全和信任的空间，虽然鲍勃不一定能看出来，包括“允许沉静”“转念去想想”“不修正什么、不解救什么、不建议什么、不指正什么”这些准则。这种对话能帮助人依据自己的“内在真知”做出智慧的决定，而不是去听从老板的建议（或者，似乎表面听从了，可实际上并不真正具备主动意识）。迈克说道：“相比我跳进去给出我脑海中立马浮现出的建议，这样的结果好很多，我一再为这种交流的效果惊叹。我没有跳进去告诉鲍勃该怎么做，只是给了他足够的关心，让他把东西都谈出来，我能感觉到鲍勃很感激这一点。”

迈克也明白这种做法并不常见，“光‘允许沉静’这一点就很难，毕竟职场中大家一直以来学到的都是‘打破沉静’。可如果想要进行开放、真诚的提问，并给对方思索的时间，就需要有面对沉静的耐心”。

迈克还体会到，这种对话还可以带来富有同情心、同理心的文化，“停下来进行开放、真诚的提问，其实更不容易，但这才是对人的关心，而且对方会感觉到这是对他的关心”。另外，这种做法中还有一种让人有所期待的东西——我们可以相信鲍勃会负责任地把这个问题处理好，他也肯定能担当起和同事保持良好共事关系的责任。这正是“悖论合一”现象在实践中的体现，它很好地处理了“关心人”和“要人担责”二者之间的张力。

迈克告诉我，学会开放、真诚地提问是他在“勇气之路”训练中得到的既有挑战又有收获的东西，他现在更懂什么叫聆听了。“我终于明白，给予他人深深的聆听，对人来说没有比这更好的礼物了。”开放、真诚地提问也是领导力中“谦卑”的体现，假如领导者通过问题来操纵他人，让其他人回答出领导者想要的答案，这么做其实更容易，但这是一种目中无人的姿态。

开放地提问可以把我们带向爱因斯坦所说的“圣洁的好奇”状态。

——朵娜·马尔科娃（Dawna Markova）

8.3 开放、真诚的提问与莫比乌斯带

《将问题活出来》（*Living the Question*）收录了朵娜·马尔科娃写的一篇文章，其中有这样一句话：“开放地提问，构筑了一个抉择点，这也许就是那莫比乌斯带上发生扭转的地方。”她的这段话会让我们联想到莫比乌斯带所代表的人内在与外在生活之间的互动关系（见本书第 2 章）。她在文章中写道：“为了把东西学透，一直以来我们都被教导，如果有人提了问题，那就要去回答。可这么一来，也

就把我们推到莫比乌斯带上的‘外在’部分了。”

朵娜在这里影射的，正是诗人赖内·马利亚·里尔克对青年诗人的告诫：有些问题不是要人立刻去回答的，而是要人长长久久地活出来的。朵娜继续写道：“开放的提问能把我们带向人内在的神秘世界，在那个地方，一些事物的模式、意义感将会像花朵的花瓣一样次第打开。开放的提问可以把我们带向爱因斯坦所说的‘圣洁的好奇’状态，在这种状态下，‘好奇’自身就已经够营养丰富了，不需要我们再通过‘解答’来充饥。”在鲍勃和迈克的故事中，迈克当时能够意识到，他需要进行开放、真诚的提问——这样有意识地做出行为的选择，表明他的行为和自己的价值观是一致的，他没有忘记自己想在组织里营造一个人人都觉得自己有价值的文化。迈克也知道，这么做看上去更花时间，牺牲了效率，他本可以立刻给出建议，然后自己去忙手头的其他事。但他的关切和倾听，他所提的问题，为鲍勃营建了安全的空间，让鲍勃敢于展现自己的脆弱，找到自己的方向。迈克耐心倾听、全心全意地探询，也身体力行着一种生发式的对话，这也很有可能启发鲍勃以后用同样的方式对待其他同事。

这个过程也让鲍勃自己得以固本强基，体现在以下方面：鲍勃可以冷静地回想自己过去的类似经历，然后找到该如何回应的答案；鲍勃获得了勇气，去进行难以开口的对话，即便他也不知道对方将如何回应他；鲍勃决心通过对话来缓解他与对方之间的紧张关系。整个过程都完全是在为鲍勃考虑，帮他获得解决问题的能力，也帮他变得更有韧劲。

之所以能做到这些，是因为迈克知道，作为领导者，留出时间去倾听他人非常重要，克制自己想要立刻给建议的冲动也非常重要。这些方法在传统领导者身上并不常见：“我们历来都被教导，要帮人解决问题，如果你是 CEO、主管、副总，就更是如此。我们给他人的印象都是有问题就来找我们。我们为自己塑造的形象是，如果帮人解决好了问题，就说明自己很称职。可是，对人来说那些最为重要的东西就是没有浅显答案的，不然，人家早行动了。”

迈克还发现了这种提问方式的其他好处，可以说也是领导者的意外收获：“我有意识地逆水行舟，要求自己尤其在一些风险较大、不确定性较多、涉及人层面的课题上，务必要进行开放而真诚的提问。然后我发现，第一，大家看到你没有摆出比他们智商更高的样子，没有表现出好像你能解决他们解决不了的问题，他们对此会很高兴；第二，你愿意给出时间，让对方把事情讲清楚，在某种程度上，会让对方在不得不讲清楚的过程中为他们铺就了解决问题的舞台，对这一点他们也会很高兴。这条路能通往阳光大道，可它需要你首先冲破最开始的那种‘我要马上搞定这个人的问题，然后去做自己手头的事’的藩篱。”

8.4　深层对话在生活中的运用

迈克还发现在生活中进行开放、真诚的提问也是很有价值的。迈克是美国“婴儿潮”[①]后期出生的，再加上自己身为“丈夫”，在家里他总扮演“保护者”的形象，总想给人提建议。几年前，迈克的妻子在退休后接了一份非全职的工作，出任一家非营利机构的管理层。但没过几个月就发现这份工作不太合适她，这家机构要找的只是个能把账做好、把办公室管理好的人，并不需要一个带领大家成

① “婴儿潮（Baby Boomers）”是指大批出生于“二战”后即 1946 年到 1964 年期间的婴儿，这一代人成长于战后美国百业复苏以及经济腾飞的黄金期，享受过慷慨的政府补贴、战后住房和教育福利以及国家暴涨的财富；在 20 世纪后 50 年的美国，他们也亲历过冷战、古巴导弹危机、肯尼迪被刺、首次登月、越南战争等特定的历史事件。有学者认为，这个时期最明显的文化特质一是物质的极大满足，二是反叛精神的兴起。因此在这个时期出生的人具有一些独有的行为特质。这就是文中的迈克为何说到自己是这个时期出生的人，而且自己身上有一种“保护者”的姿态。——译者注

长的战略型、愿景式的领导者。她很认同这家机构的使命，也很喜欢那里的人，但她做的却只是一些行政性事务。她当然不需要这份工钱来养家糊口，可如果来了没几天就说要走，自然还是让她颇有些顾虑。

一连好几个周末，利用他们早上一起喝咖啡的机会，妻子把这些感觉慢慢地都在餐桌上和迈克说了。因为妻子在表达沮丧感觉的过程中，还掺杂了一些事务性的问题，像是如何做账、如何管理好账簿和组织章程等，迈克要处理这样的谈话很不容易。一方面他想要帮她解决管理事务上的问题，另一方面也得帮她看到她自己内在的真诚——一边是个“管理”的问题，另一边则是个“内在领导力”的问题。

“其实我最直接的反应，就是告诉她‘你不欠他们什么，定个日期告诉他们你要辞职就完了’。”迈克这么说道。他其实已经为妻子准备好了一整套的建议，关于如何辞职、何时辞职、如何排解不好的情绪等。直接做出快刀斩乱麻的决定会容易得多，迈克表示，“看到她那么困扰，我也很痛苦！”

然而迈克并没有那样做，他问了妻子以下这些问题：你为何会有这样的感觉？如果对你、对他们都有比现在更好的出路，会是怎样的？到什么时候你知道必须要做出一个是去还是留的决定了？

迈克觉得，“对妻子正在经历着的复杂性，这样的问题给予她一种尊重。由这种复杂性引发的人的情绪以及人在完整性上的困扰——这些东西都是需要给予空间去看到的。如果我直接跑上来说‘可以这么这么做、可以那么那么做’，上述这些重要的点就都没有办法发生了”。

无论是迈克还是其他善于进行这样提问的伙伴都知道，提这样的问题并非在所有情景下都是妥当的。适合问这样问题的时机，要等安全感得以营建、对方内在智慧得以绽放的时候才会出现。而在有些时候，有的人只是想听取一些反馈建议、获取一些信息而已。因此，有时候你会听到家人对你说："请通过问一些开放、真诚的问题来帮我厘清思路。"而有时候他们则会说："不要问这些问题，我只是想听听你的观点而已。"

六个月后，迈克的妻子还是辞掉了这份工作，但由于她之前花时间思考了这个难题，没有在自己的沮丧情绪中匆匆忙忙地一走了之，所以能把辞职后的过渡期安排得颇为得宜，她与这家机构彼此之间也有了很多谅解，还帮他们找到了继任者。迈克说："她是在很好的氛围中离开的，没有留下什么不好的感觉，这已经是所能达到的最好的状况了。"

问一个引起争议的问题会让对方很难超越自身的局限，而问一个让人舒心的问题则会让对方很难不去耐心解答。如何通过提问让别人把真实、有尊严、坦荡的一面呈现出来，是我们每个人心里的功课。提出一个好的问题，能给人以救赎，给人以生命。

——美国广播员、记者，克丽丝塔·蒂皮特（Krista Tippett）

8.5 深层对话在绩效评估中的运用

对很多人来说，绩效评估仿佛只是一个没有灵魂的过场，因为公司要求做而做。绩效评估一般是为了评价员工绩效，看工作目标是否达成，员工是否给组织做出了贡献，有着高度固定的结构、套路，且几乎只看业绩数字。除非有些领导者、主管有意地在绩效评估中看业绩之外的东西，这样的流程一般对员工及其所做工作的成长是没什么帮助的。当然，对所做的工作进行评价是有必要的，但这并不是全部，如果想让人把完整和最好的自己带到工作中，还必须进入更深层次的对话。

格雷格·伊顿（Greg Eaton）决定在公司里用一些不同的方式来做绩效评估，他们公司的主要业务是承接企业会务及福利度假等项目，业务正发展得欣欣向荣，公司提供的高质服务有口皆碑。

“无论是在大学时还是工作以后，这些年我看到的都一样。如果老板在说下属做得好的方面，员工会不好意思地低下头或是笑笑；如果老板在说需要提高的方面，你可以很直接地在房间里闻到一股火药味。无论是说好的还是说不好的，两个人都没有在一起谈话的感觉。”

因此，格雷格决定不再用绩效评估来评价员工能力，而是邀请主管把每一位员工的长处和需要成长的点都列出来，在绩效谈话之前会让员工提前思考两个问题：最自豪的事是什么？有什么样的挑战和挣扎？

这些新做法改变了主管和员工之间的关系，一些难以开口的事也还是要谈的，但新做法给了员工提前量来进行思考，从最自豪的事情先谈起也使得整个谈话过程大为不同。

格雷格说：“谈绩效时去谈自己最自豪的事，大部分人从来没有过这样的经历，一些人还因此湿润了眼眶，这些都可喜可贺。我看到，这个过程给很多人带来了自主性，继而让他们在工作中更加发展了自己的能力，提高了绩效，增加了自豪感。”

在勇气与新生中心，我们的年度绩效评估也采用类似的做法。首先提前几周给员工一些开放、真诚的问题，让主管和员工进行思考。然后我们会到外面一边吃午餐一边谈绩效，大家轮流从三个方面来谈——“斐然成绩”“有所学习”“再进一步”。

“斐然成绩”（**lauds**）：我们在哪些方面做得好，值得庆祝？

“有所学习”（**learnings**）：过程中有哪些可供学习的地方？将我们之前的设想和事情现在的状况相比较，能得出什么思考？

“再进一步”（**looking forward**）：接下来一年最让你激动的会是什么？最忧虑的又是什么？对你当前工作和未来发展上能有所帮助的职业成长有哪些？我们可以为你及你所做的工作提供什么帮助？

最后由主管将大家共同讨论的东西写下来，定稿前给员工看是否需要调整，然后将定稿的文件存档作为下一次绩效谈话的基准。这样的绩效评估流程能够营建大家之间的信任感。平时，我们几乎每周都有签入流程①，这也在营建大家的信任感——这些做法保证了大家之间能一直保持相互间持续的对话。这样的绩效流程是一个你来我往的、开放地表达真诚内容的过程。

8.6 通过开放、真诚的提问营建信任

开放、真诚的提问，鼓励人们之间为了相互理解而彼此倾听。从他人视角去倾听他人故事，可以在群体和团队中营建信任关系。开放、真诚的提问能给大家带来共同的洞察以及凝聚力，即使个体与个体之间存在着差异。在格雷格·森特的故事中，他让学校教职工分享需要停止、继续、新开启的事情，就是在通过提问来营建信任关系。通过这些问题，大家针对笼罩在他们身上的负能量开始寻找出路，也因此站到了一起。开放、真诚的提问还有一个好处，就

① 签入流程（check-in）是指在会议、工作坊或某种集体活动开始前，邀请在场的每个人发言，让每个人的声音在正式开始之前都被听到，允许个人表达任何内容，以了解大家是以什么样的“呈现状态”来参与会议、工作坊、活动的。——译者注

是能让组织中的所有利益相关者都参与到形成组织最终业绩、目标、计划的过程中，让对话更高效，让群体成员暂时放下分析、批判、给建议的冲动。

开放、真诚的提问也可以用在员工例会中，例如，可以问团队：上一周内有哪一件事做得相当棒？有哪一件事做得不太成功？或者也可以通过提问让大家说说自己生活中的事，一些在工作场合中很难听到的事，例如，你家里是如何给人过生日的？

越来越多的组织通过人力资源流程来关注员工的职业成长，有些人会把这样的组织称作“锐意发展型组织”（DDO），这个概念是罗伯特·凯根和丽莎·莱希在《人人文化》（*An Everyone Culture*）一书中提出的[①]，弗雷德里克·莱卢也在《重塑组织》（*Reinventing Organizations*）一书中提到了其他类似的组织（其中也包括“勇气与新生中心”）。开放、真诚提问的过程也在帮组织培育好的学习文化。伊恩·莱斯利（Ian Leslie）在《好奇心》（*Curious*）一书中提到，好奇心是这个社会最宝贵的财富。如果一个社会认为秩序压倒一切，这个社会就会压制人的好奇心；而一个看重前进、创新的社会，则会培养人的好奇心。健康的好奇心很重要，不仅有助于解决问题，还能培养同理心。在“勇气之路”的理念中，通过开放、真诚的提问所展现出的好奇心，能让人更深地觉知自己，更深地体察自己内在的才智之源。

作为一位领导者，会有很多外在事务要处理，但也有必要做好内在的功课。通过开放、真诚的提问，可以让你的真我发声，回答

① 书中认为所谓的“锐意发展型组织”是指这样的组织：他们有意识地创造一个“人人都有机会”的文化（而非只对屈指可数的“高潜员工”），人人都可以光明正大地突破个人局限得以蜕变。组织需要远超传统的诸如“给高潜力员工提供职业发展项目”“给高管提供教练”“给员工每年一次外部培训”等做法，意味着要让这种组织文化下的每一个日常细节都可以支持个体的成长，包括业务运营、日常管理、内部沟通等各方面。——译者注

出最真诚的答案，让你明白什么才是最重要的内核。如果你信任的人向你提出一个好问题，并真正倾听你的回答，你和他人就会在艰难的时刻得以固本强基。做法上，一方面你可以自己提高进行良好提问、带着同理心倾听的能力，另一方面也可以培养与此相关的人与人之间的关系（尤其在社群中），让这种高质量的互动得以在群体中发生。这样的提问方式以及聆听技能是在生活各方面中做出智慧决策时所必不可少的。

第9章

涵泳张力、以现生机[①]的勇气

在每一天，在生活的方方面面，我们都需要创造性地在压力与矛盾中寻求平衡，从中求取一片立足之地。为了让人与人之间的关系健康而完整，我们在营建和伴侣、孩子、朋友之间的关系中需要如此；为了在一起解决实际的问题，我们在非营利机构、公司、各行业里也需要如此。

——帕克·帕尔默

吉尔·布恩（Jill Boone）是一个都市郡政府的部门负责人，专管大楼里清洁、园艺景观和设施维护方面的事，她是这个部门唯一一位女性负责人。她所管理的工人中有些是工会成员[②]，吉

① “涵泳张力、以现生机”这句表达对应的英文原文是 holding tension in life-giving ways，其所表达的意思是，当人面对一些人际之间剑拔弩张、冲突对立、意见相左、互不理解等状况的时候，在当前所体会到的状况与自己所期望达成的状况之间出现了较大的落差，这时人会体会到一种在情绪上和心理上的“紧绷感”，这种感觉就像把一根橡皮筋拉开时的感觉，所以将这种“紧绷感”称为“张力”。面对张力人们的第一反应就是化解消除，让它恢复到不紧绷的状况，因为这种心理上想要让“它”马上恢复的急切性，人们往往错失了从张力中创造性地理解和解决问题的可能性。本书认为，当张力出现时，人不必“应激式”地解除张力，而应多提高自己的容受性，多在张力中体会问题的本质，并发现解决问题的创意，这一过程被本书称为“涵泳张力”的过程，只有有勇气充分地涵泳张力的人，才会在张力间创造出解决问题的“生机”。从这个意义上说，“张力”成为“生机”的基础条件。——译者注

② 国外的“工会”是基于劳资关系对立的基础，为争取工人权益而与管理层展开包括罢工等斗争的一种组织，所以工会成员与管理层之间一般都有着对立的关系。——译者注

尔的前任和他们之间相处得非常不好。

吉尔此前已听闻，大家都不喜欢她的前任，现在亲耳听工人们说起这位前任的暴劣行径时，才让她更加知道情况有多糟、管理层和工人之间的关系恶化到了何种程度。她问了一些开放、真诚的问题来帮她了解情况，这个过程也创造了一个空间，让她得以向大家表达自己的心声，告诉大家她相信可以与大家一起创造一个彼此尊重的工作环境。

她对大家说："我完全是新手，从来没有管过工会员工，但这并不代表我们不能一起把事做好，根本上讲我们都是在一条船上的，为什么一定要对立呢？"

吉尔希望大家用全新的眼光来看待她，她继而说道："我的一些做法你们可能不会赞同，可能会觉得有些做法很傻。但大家要知道，也许我对大家的想法一无所知，并非故意要和大家过不去，很可能只是因为我不知道还有其他更好的做法。大家所需要做的，就是直接来找我，告诉我。"

吉尔谦卑的姿态让大家都放下了戒备，可能这些工人一直以来都看惯了那种剑拔弩张的权力对抗——"我是来管理你们的！"没出六个月，这种对抗的姿态就烟消云散了，工会与吉尔所管辖部门之间的关系肉眼可见地改善了，且在她在任期间都一直保持得很好。

"让大家有事直接来找我，直接告诉我，而不是只会往上捅，这给我们的关系带来了很大的改观，工人们教会了我很多东西，我也真正地敞开心扉来接受他们教我。当你向他人敞开心扉时，他们会更愿意敞开心扉，和你对话，知道你不是那种耀武扬威、颐指气使的人。"

在吉尔看来，应当要看到、尊重并培养每个人内在的才智之源。除了使用开放、真诚的问题，吉尔还特地尽量地秉持"不修正什么"的圆圈法则，鼓励工头们自己想出解决问题的办法。

“不带评判的深度聆听会让你真正地向与你不同的人打开心灵。同时，别把自己放在无所不知的位置上，这一点也很重要。随着人的职位升迁，很多人会觉得你之所以在其他人之上，是因为你比他们知道得更多。然而真相是，你不可能做到这一点。有时确实需要方方面面都考虑到，然后做出艰难的决定，但与此同时最好要谦卑地承认自己并没有比别人多长一颗脑袋，不会因为你是管理人员就无所不知。不要把自己放在这样的位置上，为人谦卑能对你有很多帮助。”

9.1 冲突：化解而非管理

吉尔给我讲了这么一个故事：有位清洁工和主管打嘴仗，吉尔不得不对他进行了处罚。这位工人之前负责打扫吉尔的办公室，因此他们彼此很熟识，两人常一起聊天、打趣，相处融洽。现在这位工人在工作上出了问题，听上去像变了个人。当事情闹到她这里来的时候，吉尔请这位工人坐下来一起聊聊，讲讲发生了什么情况，怎么会出这种和她印象里的他很不相称的事。

“我把自己作为一个人，向他敞开了我自己，坦诚地表示可能我们确实处理不当，或是发生了其他什么不好的事情，但我们可以一起找解决方法。原来，在一次工会会议上，他们根据职位等级分配了工作，分配给他的工作要求他每天到不同的楼里做清洁，他因此每天都会收到不一样的工作指示，这让他快要疯掉了。”

他们在谈话中发现，其实可以固定地安排这个清洁工到某个楼里的另一个岗位，但工会一开始就拒绝了这样的调整，后来吉尔又去找他们开会协调解决。与此同时，吉尔也要求这个清洁工要检讨自己打嘴仗的行为。最后吉尔对他说：“等你下次再来我办公室的时候，希望不是来找我谈什么处罚的事，而只是来和我打个招呼。”

因为吉尔看到了人身上的完整性，加上自己的领导力，愿意敞开地聆听，并能善用之前已有的良好关系，所以能够在这个紧张关系中做到游刃有余，找到了双赢的解决之道。

“我依然会处罚、管理员工，有时还要解雇人，但我知道，人在根本上都是好的。如果你能将心比心，在大多数时候人都还是愿意对话的。”

“管理者”的“职责所在”与“领导者”的“启人心扉”，这两者间是存在张力的，这就免不了两者间的拉扯，我们也必须处理好这种拉扯。这时需要注意自己以及他人的内在状态，保持对当时当下情绪的觉知，还要保持对价值观的觉察，审视自己是基于什么价值观在做反应——有了这些做法，就能带来天翻地覆的变化。正如一位领导者对我说的:“最佳实践”能出好的“管理”,而“深入人心”才能出好的“领导”，这需要人去做很多有关自觉自知的内在功课。勇气之路下的领导力，需两者兼顾。

我们必须学会活在永无休止的对话中，活在其中的冲突与复杂之间，与此同时，还要紧紧联结着自己的内心之师。

——帕克·帕尔默

9.2 身心完整地做出反应

无论是面对长久以来一直未解决的难题，还是面对一个突如其来的变化，张力出现时人都可以选择自己要如何做出反应——或由着自己的习惯、条件反射、压力做出回应，或用自己的沉着冷静来做出回应，让自己涵泳于张力之间，以待新的东西生发。这两种方式，一种是任由自己“战斗、逃跑、僵持、结群”的应激反应，另一种则选择了更有建设性、更加身心完整的反应。

“涵泳张力、以现生机”的能力需要人在语言、行动、社群等各方面做到固本强基，还需要人有一种“成长心态”，这才可能有创造性的东西生发出来。“涵泳张力”并不等于对张力视而不见、原地不动、不做决定；相反，这是一个动态的、需要行动的过程。涵泳的过程也是人将内在某种东西进行延展、打开的过程，打开心灵、打开头脑，正因为有了这种对张力的握持，人的心灵和头脑才不会在这样的过程中被撕裂，而只会打开得更大。

涵泳张力的过程也是一个人为自己的情绪做主的过程，必要时这个过程可长达数日。你可以找自己信任的人与自己一起进行这个过程，过程中需要进入自己的感受中，看看自己是不是走在想走的路上，克服不安全感，真正相信内心的声音，并从沮丧走向该去的地方。对张力进行涵泳，而不是因张力一触而发，才能让人有时间与自己的情绪和思考先相处一阵子，然后再做出有创造性的回应。

人在涵泳张力时，会感到一股能量在流动，时而是愤怒的能量，时而是惊喜、激动的能量，或者只是想要把事想通的能量。能量的第一要义在于可以把人的思想打开，然后人才可以想如何借助这个能量走到新的地方。这好比是电池的正负两极，两极之间可以产生电能，用来驱动某种东西；但如果两极之间没有闭环的电路，它就不会放出能量。例如，如果在“知”与“不知”的两极之间构成了“学习”的回路，它们之间就是有能量在流动的。

要形成这种两极连通的回路，是需要勇气的。将互斥的情况闭合在一个回路中；让处于两端的人相联结；让人将自己的头脑、心灵、胆量相联结——这些都需要勇气。人整个的生命过程就是建立在张力基础之上的，就在于对两极的握持和涵泳，而这正是一种在悖论上的历练。

张力是一种总让人觉得很难办的东西，有时还具有破坏性，但如果我们知道张力“想要”干什么且与之配合，不与之对抗，张力就不会撕裂人心，只会让心更加强大。

——帕克·帕尔默

9.3 涵泳当下的张力

凯特·谢泼德（Kate Sheppard）这一年历经了很多创伤，她作为第一目击者目睹了一场多车相撞致人身亡的车祸，还经历了离婚及很多抑郁的日子，工作上她忙着给新老领导者们进行变革管理技能方面的培训。在那一年中，凯特时时翻阅帕克·帕尔默写的《隐藏的整全》，书中关于如何通过觉知和感受人内在的完整性来度过人生艰难时刻的这部分内容让她深有感触。受此影响，她也来参加了我们中心举办的几期退思会，工作坊中她最为喜欢的部分就是可以全然地把自己带到当下，不去“修正、解救、建议”什么，她也喜欢通过带着尊重、富有意义的对话营建出值得依赖的社群。这其中贯彻的原则和一些做法让她这位领导者得以改头换面，也改变了她自己在做群体引导时的一些做法。

有一次，凯特带领一组领导者做培训，他们是来自各个部门、分支机构、规模上百人的团队的主管。“那个月在我们培训地点所在的旧金山市，有一天发生了一起枪击群众外加一起枪击警察的事件，那时我们的培训项目进行到一半，按计划那天正要准备继续下一个课程。”

凯特提到，如果是过去的她，会很想依计划把课程继续下去，因为过去的她在这种场景下会更多地感知到自己作为领导者的“专家”角色[①]——所谓专业的人做专业的事。可现在的她看待领导力已经有了新的视角，她将其称为“是一种‘临在当下’的力量，在他人的旅程中与他人同在”。

于是，在枪击事件发生之后的那一天，凯特觉得有必要为参加培训的人员呈现她对大家的支持性、照应性的一面了。她把原计划早上要讲的课程放在一旁，转而让大家来谈论当前发生的枪击事件，说出萦绕在大家脑海里的东西。在接下来的一小时里，大家谈到无助感、绝望感；再接下来的一小时里，大家谈到要如何做出改变，要懂得感恩自己所拥有的东西，要彼此鼓舞、同时给予他们的员工以鼓舞。谈了两个小时后，凯特问大家，现在需要做什么？大家都回答说，要回到当天计划的课程学习上。

其结果既治愈，又赋能，这些主管都很感激凯特给他们提供了这样一个对话的空间，感激她看到这一天的特殊性，“今日非比寻常”。

凯特这个腾出时间来处理大家情绪的故事还余温尚存，2016 年 11 月，在我们勇气与新生中心便出现了相似的事。那天是美国总统大选结束之后的第一天，有太多人对选举结果感到震惊，很多同事那天都请假不来上班，来上班的同事也被“脸书”上的热议所分心，有的同事则处处小心翼翼，因为不知道别人是怎么想的。在那个星期三的早晨，我们共有 9 位同事在办公室，另外还有一位同事准备从其他办公地点远程接入电话会议，可谁都没有心情来开这个周例会，大家的心里装满了东西，头脑已经无法思考了。

于是，大家就决定利用原先开会的时间，把自己的一些情绪讲

① 西方管理文化中所提的“领导者”，并不只是指处于领导岗位上的人。在某个场景下需要引领、带领他人的人，都可以被称为“领导者”。例如，凯特是一名培训师，在培训课堂上带领大家学习时，她就是一名“领导者”。——译者注

出来，一起说说当前复杂的局面。一小时后，大家终于能够回到正常的工作状态中了，此后几天的工作也都相对正常。我们通过这个小小的社群，让自己固本强基，没有彼此修正什么，也没有引爆负面情绪之火，只“临在”于那天我们当下真正、真诚的感觉。

那天我们通过走向自己的内在来获取自觉自知，通过走向社群来获取联结，通过一些名言警句来获取智慧——从帕克·帕尔默那里我们找到了下面这句话，也将它分享给了我们一个通过网络联结在一起的社群："人的灵性就是活在两相悖论的平衡之间，倾听他人时的谦逊和倾诉自己时的忠实，在这两者之间是一种生发的张力。"

这是人最后的自由——无论什么情况，无论身处何境，都有选择自己如何应对的自由。

——维克多·弗兰克尔[①]（Victor Frankl）

9.4 打开心，转念去想想

妮基（NiKi）是圣伊内斯的丘马什印第安人族居区（Santa Ynez Band of Chumash Indians）的一名教育部主任，管理着45名员工，他们的工作是提高部落社区成员的终身教育水平。我们碰面那天，

① 维克多·弗兰克尔（1905—1997），20世纪著名的精神科医师，维也纳第三心理治疗学派——意义治疗与存在主义分析的创始人。他是犹太人，纳粹时期他们全家都被抓进了奥斯威辛集中营，在那里他度过了3年的集中营生活，他的父母、妻子、哥哥全都死于毒气室中，只有他和妹妹幸存了下来。但就是这样炼狱一般的生活，没有让维克多丧失意志，反而帮助他领悟了人生的真谛。他以失去自由、饥饿和对死亡的恐惧等痛苦的经历为支点，运用科学的心理治疗技术，将希望、友谊和使命感传到了世界的每一个角落，他用毕生的努力向世界表明：只要活着，凡事都有可能。著有《活出生命的意义》。——译者注

她正在和两名刚工作不久的员工讨论一个扩大社交媒体影响力的项目。讨论中她特意不提出自己的建议，而在“告知他们某种做法会存在什么问题”和“支持这两位员工的创意”两者之间徘徊。她尽力专注在讨论的话题上，但还是会被自己此前家中发生的一件事所分心。

妮基的妹妹在吸食“笑气”之后开车出了车祸，撞上另一辆车，致使那辆车的驾驶员被撞身亡，死者正是妮基妹妹原来的一个中学老师。妮基的妹妹一直是个“瘾君子”，此前未被发现，生活正常，没有过犯罪记录。妮基对这个事故中牵扯的每一个人都感到心痛，关于该事故的司法程序长达两年之久。

我和妮基碰面的前一天，她的妹妹被判处在州监狱服刑 14 年，宣判时妮基和死者家属都在现场。当时妮基很想去慰问死者家属，当面表达悲痛之意（她几个月前给他们写过一封信，但在宣判之前他们之间需要保持距离）。那天，妮基怕如果前去打招呼，会再次引起他们的愤怒，她心里七上八下，在法院外面看到了那一家人，然后从他们旁边走了过去，她的头沉痛地垂了下去。

“此时内心深处有个声音叫住了我，我突然意识到，这是一件我想做而不敢做的事，可这是作为一个人应该要去做的事。”她掉转头，向那家人走了回去，迎着他们说道：“打扰了，我没有叨扰之意，只是想来表达我对你们失去亲人的抱歉，我没办法做到从你们身旁走过去却视而不见，我毕竟是妮基的姐姐，对不起。”

死者的丈夫走了过来，一把将妮基抱住了，他说道：“妮基，我认识你，你为我们社区做过很多好事。”这位男士也流下了眼泪。

决定去和死者家属说话，无论是为妮基自己，还是为了让那个家庭觉得好受一点，都是一件该做的事。她这一举动发自肺腑，只想去表达自己的心意，没有想着要从对方那里获得什么反应。

妮基对我说：“我很高兴自己当时做出了这样的选择。现在的我也更愿意去做类似这样的选择了，即使做了之后事情的结果可能不是我想要的，我也想知道能从中学到什么，或有什么样的成长。”

“这件事帮我重温了‘不好办时，转念去想想’这条信任圆圈准则，”妮基说，“我这一辈子都害怕面对冲突，但现在的我能够做到直面恐惧了，我找到了直面恐惧、与其打交道的勇气。”

两年的司法过程以及与受害者一家的联结，让妮基的心被打开了。而她勇往直前，把真诚的自己呈现在那家人面前，则又迈出了重大的一步。“当那位男士拥抱我时，那一刻的相拥，是作为人与人之间一种真正切实的相通，我感觉到自己身体里一直以来堵住的东西释然了。”妮基这一段心灵被唤醒的经历不仅对她个人生活产生了影响，还改变了她在工作中呈现出来的状态。

帕克·帕尔默说，当人经受痛苦却又不知道该怎么办时，会出现暴力行为。然而，在妮基这段伤心经历中，是“勇气”护住了她，让她没有在工作中造成对自己、对他人进一步的伤害——因为，当她经历这些事情时，就算她在工作中表现得脾气不好、疏远他人甚至哭泣落泪，大家也会理解，甚至觉得情有可原。但她没有这样做。相反，妮基以她的反思和勇气，带出了自己截然不同的状态——真实、身心完整、追寻意义。

“最近这几年把我这个人都打开了，三周前有位同事这么对我说：‘妮基，不知道你身上发生了什么事，但感觉你今年有些不一样了。我也不知道如何形容，总之你更欢畅了，给人更欣喜风趣的感觉。我不知道你为什么变了，但确实不同了，我想说，我很喜欢你。’”

这位同事和妮基的关系原本就很好，但还是察觉出了她身上发生的令人惊喜的变化，觉得有些不太像从前的她了。妮基是这么来表述这种感觉的：“某种程度上说，是黑暗给我拉开了一条口子，我妹妹的经历给我们一家都上了一课，那就是，人要珍惜每一个当下，因为很可能眨眼之间生活就会天翻地覆。两年了，妹妹只能生活在高墙之内，在这之前她还是自由的。像生日聚会、早上去上班这些我们觉得习以为常的事情，实则并非理所应当，这是上天给我们的礼赠。如何看待这些东西是最为关键的。”

9.5 三条准则

在我所有的采访中，领导者在处理挑战时所用到的信任圆圈准则当中，有三条显得特别突出："不好办时，转念去想想。""忍住自己想要去修正和解救他人的冲动。""进行开放、真诚的提问。"搁置评判，保有好奇，能带来"成长心态"；而知道哪些情况不该由自己插手修正，则能带来更多的耐心和视角。至少你会问问自己："我能从中学会什么？"一旦人掌握了这种平和处理事情的方式，就能问出更富有建设性的问题。这时人可以立于挑战之中而不退却，不再做非此即彼的选择，第三条路便会由此显现出来。

在艰难时刻，人的"好奇"能带来很多好处与价值。说到这个，我总会想到反复证明了这一点的下面的这个故事。大家听过帕西瓦尔（Perceval）和渔夫王（Fisher King）的传说吗？（这个故事有很多不同的版本。）说的是帕西瓦尔自小听着"亚瑟王和圣杯"的故事长大，终于成人后，他前往圣杯城堡，想要成为那里的一名英勇骑士。然而世易时移，故事中的那些人物形象早已光辉不再，渔夫王因腹股处的伤不能生育，陷入了绝望之中。当这位原本光照四方的领导者如今雄风不再，整个王国也日渐消沉。帕西瓦尔想找渔夫王问个究竟，但又怕莽撞失礼，于是什么都没说，就上床睡觉了。等他第二天醒来，这个王国已成一片废墟。帕西瓦尔便离开了这个王国，自己走上了寻找圣杯之路。等到后来他发现，如果那天他去问了渔夫王,那么渔夫王便能够好起来。很多年过去后,帕西瓦尔又回来了,他看到渔夫王孤零零一个人在河边钓鱼,这一次,帕西瓦尔向他开口问了这样一句话:“您哪里不舒服?”这时,魔咒被打破了,突然之间,渔夫王和这个王国一切都恢复如初。

据我了解,帕西瓦尔(Perceval)这个名字就是从“穿过山谷”(pierce the valley)这句俗语中来的,意为穿越两极,穿越由“一”和“二”构成的二元的边界,走向“三”,一旦有了“三”个点,也就有了创生的空间结构。“三元”之下,有了“始”“间”“终”的起止;有了“晨”“午”“夕”的一天;有了“过去”“现在”“将来”的时间;有了“输入”“输出”“吞吐”的进进出出;有了“逃跑”“战斗”“固本”[①]的应对做法。这个“三角”的形象,在很多公司的Logo中都可以看到,它代表着一种完整性、力量感、稳定性、运作感。

帕西瓦尔的这个故事既向我们强调了“好好问问题”的重要性,也说明了“不管不问”会带来恶果。还告诉我们,每个人都必须走上觉知自己、觉知他人之路,而能够找到这条通路的,正是领导力。

9.6 一个提醒

如果过于抠字眼地来理解“转念去想想”和“不修正”这两条准则的含义,而不加上“进行开放、真诚的提问”的第三条准则,就会带来问题。让他人自己去探索困境和给对方提供支持、帮他从一极走到另一极,在这两者之间有着微妙的界线,一方面在他人自己探索时要给予耐心,另一方面需要给对方支持时也不要拖太久。所以,不要把“转念去想想”这条准则当成自己不作为、无动于衷

① 即固本强基(fortify)的意思,关于“固本强基”的含义,参见本书“引言”部分。——译者注

的挡箭牌，无视他人所经受的苦痛。那么我们如何知道对方陷入困境了？如果对方获取不到自身内在的才智之源时，就说明对方陷入困境了。这时需要我们带着“善意的好奇心”，带着感情，去问“您哪里不舒服？”这句问话并不是说“来吧，让我来帮你解决”，而是说“我看到你在经受痛苦，请你说说看”。接下来再问其他的问题，打开往前走的可能性，可以参考之前的故事中迈克如何向鲍勃提问（第8章），也可以参考吉尔如何向清洁工提问，并以此将常见的劳资冲突转化成了积极的解决过程等。还可以参考凯特，一开始先问一个问题，将整个能量转到治愈的方向：面对这些暴力枪击事件，你们有什么样的感觉？之后才又接着问道，大家现在需要做什么？

第10章

做出智慧抉择的勇气

选择做什么工作、如何做；选择发展怎样的人际关系、如何发展，做出这些人生选择时，让内在的真理成为抉择的准绳。

——帕克·帕尔默

我们在第 8 章提到的格雷格·伊顿，2008 年发生经济大衰退以及之后的几年，这位企业主的日子很不好过。“2008 年、2009 年、2010 年这几年经济形势都很不好，感觉我一直都是在各种撕扯中度过的，我要保证公司的正常运转和盈利，同时也要发自内心地关心员工，与此同时还有很多东西在调整改变。说到‘倍感压力’，就是这种感觉。”

他们公司的主要业务是承接企业会务服务及福利度假项目，格雷格希望公司员工能够尽可能地高效工作，同时也要做得乐在其中——因为，如能乐在其中，则必有回响。“我们所从事的行业需要我们以卓越的品质来服务客户。然而，公司如何对待员工、如何对待这些一年年地将他们一天之中最黄金的时段献给了公司的人，让他们能真心投入工作、感觉到公司在关心他们，在那年景不好的时日里都是让我日思夜想的事。”

当然，公司员工也知道经济形势的艰难，但他们并不知道格雷格还有另外的烦忧。“要不要把我的这些压力与纠结稍微说一些出来，我在又想说、又不想说之间纠结着。我想让员工知道，我对大家都是信任的，也相信公司能渡过难关。”

格雷格要面对许许多多会影响公司盈利的艰难抉择，比如不断攀升的员工健康险保险费。公司虽还能承受给员工投保的保费，然而随着保费的大增，很多员工已无力购买另外给自己伴侣和小孩的保险了。公司面对价格悬殊的不同的保险方案，如果格雷格只单纯考虑最便宜的，很快就能做出判断。不过他却选择了另外一条路，另外一条与公司主张的价值观相吻合的路——公司的价值观要求大家行事要开放、诚实、直接、关爱人。

格雷格准备让各部门员工一起参与对话，以便选择一个合适的投保方案。他给大家发了一些文字材料，让大家事先阅读，还发了一些让大家思考的问题。格雷格在会前提到，等大家坐在一起谈的时候，他想听听大家真实的声音，不同投保方案将如何影响他们的家人、伴侣。他说：“我不是要大家分析公司该选择哪个投保方案，而是想花一点时间来看到每个完整的你、每个完整的其他人的需求，我们对大家的情况并不完全知情。了解情况后，可能让我做决定时会有不一样的考量。”

到了开会的那天，他给每个人安排了思考时间，让大家把自己所想的写下来。然后，让大家形成一些小组，在组内分享会更有安全感，也可以听听其他人会提出什么问题。“到了全体讨论的环节，一些边边角角的东西都已被小组分享环节处理掉了，整体上的共识也被更好地定义出来了。”格雷格说道。

格雷格注意到，让人们诚实地彼此对话非常重要。他看到大家都走出了自己的小世界，看到了更大的图景，也明白了不同的投保方案会影响到哪些人。大家把各自的情况都说出来之后，也开始认识到还存在另外的投保方案可能对所有人整体上会更好。

最终的决定还是要格雷格来做，但由于所有人都听过他人的顾虑，也了解格雷格会坚持什么东西，所以格雷格做出的决定员工们也都支持。这个过程，更多地考虑了大家个人的情况，把大家当作“人”来予以尊重，这对建立“关系型信任”（第4章所提概念）也起到了重大的促进作用。

格雷格发现，当大家都反思自己的选择和出发点时，能让员工更加置身事中，投入进来。这样一个反思的过程也同时尊重了大家的身心完整，认可了大家同理他人及与他人对话的能力，大家能更加以自己内在的准绳来指引自己，这进一步提高了大家在工作上的承诺度和成就感。而这一切都是从格雷格内心所做的抉择引发出来的，他选择了将“正直”作为自己这个领导者角色的要件。

一个人的人性走向圆满的过程，是通过他所做的抉择得以完成的，正是在日复一日的种种抉择中，我们得到了价值与尊严。进行这样的抉择是需要勇气的。

——罗洛·梅

10.1 涉险的抉择

领导者每天都有不计其数的决定要做，很多抉择还不为组织中的其他人所见。通过所做的这些重大抉择，领导者得到了人心（或是受到了批评）——这与做出决定之后走下去的路是成功还是失败无关，经得起时间考验的都是那些真正留下了印迹的决定。

你所做过的最好的决定是什么？最糟的呢？有没有什么最佳决定是你一直都不去做的？很多领导者表示，最好的决定常常是那种需要冒险、谁也保证不了能带来什么好处的决定，是需要勇气才能做的决定。

人的领导力并不体现在做决定时有多勇猛，而体现在做决定时彰显出的积极向上、思虑周全和所立足的良好出发点上。有时，延缓决策也是一种领导力，容许更好的选择浮出水面（换言之，这是敢于让怀疑之声扩展出新的空间，生长出更好的选择）。

有些决策重如泰山，甚至要冒很大风险。而在需要时承担必要的风险，这正是领导者的职责之所在，也是组织之所以给领导者付薪水的原因。做出智慧的抉择，并不一定都体现在轰轰烈烈的大事上，有些抉择不过是人在内心做的一个选择——例如，格雷格·伊顿内心选择了站在关爱员工的一边，这是他基于自己的领导者价值观做出的内在选择。

在人与人的对话中尝试新的存在状态，是一种涉险；将自己投入到可能会使得自己观点改变的对话中，是一种涉险；以完完整整的状态做自己，也是一种涉险。认知心理学家朵娜·马尔科娃写道："我会选择去冒'可能会让自己显得不再那么重要'的险。"选择不再背负那么多的恐惧活着。

有没有另一种看待风险管理的视角？当然，在权衡不同方案时确保自己了解了情况、清醒地分析了优劣利弊、听取了比自己更懂状况的人的意见，这些前提都很必要。但常规的那种"快而果决"的决定，可能更多的还只是一种从当前状况出发、为保险起见而做的决定；另外那种建立在打开思维基础之上的敢于冒险的决策，则更像是一门艺术，也是一种信任，相信当人走向内在、与整全的状态对标时，会有非比寻常的选项浮出水面。

我想问的是，你觉得自己够“止”吗？不是“静”，而是“止”，“止”得让自己能听到自己身上那个独一无二的、本真的自己的气韵神形。那个真真切切的“你之声”，在你足够“止”的时候会隆隆作响。

——霍华德·瑟曼

10.2 勇于新生与再造

2011 年，史蒂芬·刘易斯（Stephen Lewis）开始担任佐治亚州亚特兰大市“神学探究论坛”（Forum for Theological Exploration，简称 FTE）的主席。FTE 始建于 1954 年，主要目标是帮助年轻的神职领导人员明心见性，和他们一起探索诸如以下这些问题：“我是谁？”“我的天赋是什么？”“我如何被感召着，如何让自己的天赋在这个世界中被活出来？”以此帮他们探询他们的热情、使命、召唤何在。

FTE 发现，这些帮个人明心见性、厘清人生事业的做法，对整体组织也有可借鉴之处。在 2008—2009 年经济大衰退后的余孽中，FTE 也遇到了关于自身定位和宗旨的问题。他们 8 年间换了三位主席，面对时代的变革，FTE 自己也需要明心见性，需要明白自身关于信仰、关于战略的下一步方向是什么。

受帕克·帕尔默关于“心灵的习惯”[①]（Habits of the Heart）理念的启发，史蒂芬在给 FTE 做战略规划时也围绕着这几条要点展开：（1）认识到大家都在一条船上；（2）看重整全性的价值；（3）涵泳张力、以现生机；

① “心灵的习惯”最早是由法国政治思想家和历史学家亚历西斯·德·托克维尔（Alexis de Tocqueville）在论述民主思想时创造的概念，帕克·帕尔默在《治愈民主之心》一书中提到，所谓心灵的习惯，是指与人的思想、情感、自我意象、目的和意义相关的人们的一些根深蒂固的，如何看待世界、如何活出来、如何对待生活的方式；帕克在书中提出了五个心灵的习惯，认为这是维持民主生活至关重要的五个方面，具体表述即下文列出的这五个方面。帕克的关于五个“心灵的习惯”的论述，是勇气与新生中心一些培训及工作坊内容及做法的重要理论依据之一。——译者注

（4）关注个体声音，关注个体作用；（5）具备营建社群的能力。

FTE 决定用 18 个月的时间，以退思会的形式，针对 200 人开展 8 次聆听之旅，他们将信任圆圈准则结合自身实际形成了被他们称为“会话盟约”（Conversation Covenants）的原则，作为退思会的基础。他们提出的讨论话题有：我们现在需要怎样的领导者？领导者需具备哪些特点？在你的实际情况中，遇到了哪些领导力挑战？

在整个过程中，“心灵的习惯”几个要点都发挥了作用。

1. 认识到大家都在一条船上。看一个组织，不仅仅是看坐在主管办公室里的老板，不仅仅是看员工，甚至也不仅仅是看客户和利益相关者这些人，而是要去看一个整全的整体。FTE 知道，通过面对面对话的方式最能获取集体智慧，这个过程也不仅是为了了解他人的看法，更是创造大家的一种整体认知。

2. 看重整全性的价值。只有这样，组织才能以健康而不操控他人的方式将不同的声音都调动起来，只有成员之间相互珍视彼此的不同视角，一个团队才可能成立。对 FTE 来说，这一条的意义还远胜于此。FTE 是一家有着 60 年历史的组织，原先主要在主流的新教教区开展活动，后来他们意识到基督信仰其实是一个更大的范畴[①]，这个认识促使他们与基督教其他教派的人、合作伙伴、团体等开展合作。史蒂芬说：“我们更加整全地认识到，其他教派的人能给我们的工作、我们的对话带来我们所不具备的东西，就像是特别的礼物。”

3. 涵泳张力、以现生机。这一条要点想要突出的是，悖论可以带来行动，带来力量。FTE 面对的张力是，基督教信仰在北美地区整体处在下降的趋势中，但却在一些非白种人、移民群体中有上升的趋势；另外一个张力是，在教会的高等教育机构尤其是神学研究所当中，从整体上看招生规模也呈现出下降趋势，但在非白种人群

---

① 基督教包括三大教派，除了新教，还包括天主教、东正教。——译者注

体中，招生人数却在快速增长。这种下降和增长间的悖论为 FTE 呈现了新的机遇，让他们得以将关注点转移到非白种人群体上来，为他们投入更多精力、更多地包容他们。此前的 60 年间，FTE 的主要关注点都只是培养白种人群体的职事领导者。

他们面对的第三重张力是，现在的年轻人想要让这个世界有所不同，一方面他们知道信仰能告诉他们人应该怎样有信仰地活着，另一方面他们认为这种有着共同信仰的社群或教会组织，已经不一定是最让他们感到有激情、最能感受使命召唤的工作之所了。

史蒂芬说："既然已经有了分化现象——有些人仍想在传统的教会中出任领导者，另一些人则想在更大胆创新的、与时俱进的教会中做领导者，还有一些人想在非教会的组织中做职事领导者，那么现在问题就在于我们的战略该如何去应对这种现象了。"

只有当领导者看到这种具体实践的复杂性，并涵泳于多重张力之间，不从非此即彼的对抗对立去看待这些现象，而是从有彼有此的二者兼有的角度去看待这些现象，从中涌现出的战略才能走向成功。前面提到的这三重张力也告诉我们，张力很可能不止一个，可能会多者并存——这正是我们生活和工作着的这个复杂世界的写照，与其说悖论现象像是只由一对相反相成的东西构成的"两头叉"，不如说它更像是有着片片对生花瓣的"雏菊花"。

4. 要有关注个体声音、关注个体作用的意识。这一要点强调的是，每个人的声音都需要被听到，每个人都可以成事。清楚自己人生事业的过程，是一个去倾听召唤并做出回应的过程，看看这个世界将召唤你把自己独一无二的天赋才能和雍容尔雅落于何方。在组织层面上，需要回答的问题是，我们独一无二的地方是什么？我们的价值主张是什么？在我们所在的领域中，组织做出了什么独特贡献？对我们身外的更大的世界，我们为它提供了什么？我们为自己所在区域提供了什么在其他组织那里得不到的东西？

组织也有自身的毕生事业，也有它的声音、它的作用。在 FTE，大家提出的讨论题是：我们组织作为一个整体，如果我们对感受到的召唤不予回应，或是面对这样的召唤没有向前迈出我们虔诚的脚步，那么未来将有什么东西永远无法发生？

史蒂芬说道："对这一点的思考让我们明白了，FTE 的声音只是有着众多声音、众多机构的更大的生态中的一个而已，每个声音、每个机构都在寻找着自己与众不同的位置，都在创造着这个世界，让世界焕然一新。"这一方面体现在组织的愿景和使命上，另一方面也体现在战略和不同的未来规划上。对此 FTE 讨论的问题是，当经济形势不错的时候，当人们对宗教信仰、信仰团体、信仰组织中的领导者等这类话题都比较积极活跃的时候，我们能发出怎样的与众不同的声音？而当经济不太好的时候，当人们对信仰团体的兴趣度有所下降的时候，FTE 的声音和所起的作用也将大有不同。将未来不同的可能性都考虑在内，FTE 就可以战略地来看什么样的灵活敏捷度才是最好的，如何在不同的未来发出自己的声音，发挥自己的作用。

5. 具备营建社群的能力。这一点看重的是人与人之间因依赖关系形成的关系网，对前几项"心灵的习惯"有着加强作用。这正是为什么 FTE 会花上一年的时间去聆听他们利益相关者和潜在合作伙伴的声音，让他们了解 FTE、感受到 FTE 的存在，这样的过程可以帮助组织更加自觉自知，对自己的使命和事业形成更清晰的认识。

利益相关者就像一面镜子，能帮"身在此山中"的组织照见看不到的东西。FTE 敢于呈现自己的脆弱，不仅能听进别人说他们的好，也能听进别人说他们需要成长和提高的地方。之所以愿意这样做，是出于对合作伙伴的信任。霍华德·瑟曼下面的这句话也是史蒂芬和 FTE 团队在践行的一句话——"我敢将自己完全裸露出来，因为我知道那个看到我弱点的人不会踩到我头上来。"

FTE 的倾听给他们带来了更加清晰的战略方向。史蒂芬把大家在讨论中谈到的点总结为："假如 FTE 其他的事都不做了，剩下这一件事我们仍然还会做：继续将 FTE 打造成一个平台，借助其声誉，以一个召集者的身份召集大家进行有关教会和基督学院的未来、有关教会新生代领导者的有意义的对话。"这个洞察对 FTE 来讲极为重要，因为"召集"有意义的对话和"主办"大会或活动这两者之间是有区别的。当对这一点的认识清晰之后，FTE 调整了组织名称（缩写不变），从"神学教育基金会"（Fund for Theological Education，缩写 FTE）变成了"神学探究论坛"（Forum for Theological Exploration，缩写 FTE）。

史蒂芬说："一点创意再加上一点勇气，人们就可以把组织所做的工作带向新的境界，这个过程很有意义，也让组织的未来更加充满希望。"

10.3 里外合一的抉择

有多少次你做出的选择是因为"恐惧"？又有多少次是因为"相信"？要进行智慧地抉择，需要有清晰的思路，还需要与自己可信赖的内心深处相联结。人的内在都有一个睿智的引领者，能够将人所有的技能、才干、经验、能力，以及收集到的情况整合在一起，为人在行动和抉择时提供指引。

数据分析能够帮人得到做选择时所需的清晰度和校准度，但即便如此，就算能获取所有数据，也并不能保证可以得到想要的结果。好的领导力并不体现在对结果能有多少把控上，而体现在当某些信息尚不知晓时，如何对已知的情况做出响应，做到相信自己、相信团队。

通过人内在的才智之源，再加上群体的支持，人可以固本强基，遂敢于涉险去做出智慧的抉择，因为无论接下来会发生什么，大家都会因这个抉择而在一起，不管出现什么状况，都将一起面对。

做出里外合一的抉择

关注人以及人与人之间互动状态的决策模式，是一种超越了常规分析型决策的做法，这时将能够穿透一些外在的东西，对自己在决策的事中所起的作用与角色有另外的思考和认识。以下是如何进行这种反思的一些做法。

首先进行内观，内观于最真实的自己，获取自觉自知，诚实地面对真正的自己：自己恐惧什么？自己说“不”的原因是什么？是因为权宜，是因为需要马上做出决定，还是因为这本来就需要这么做决定？自己身上的阴影部分有没有影响自己思路的清晰？有什么大家看到了却有意不说、有意避而不谈的东西——“房间里的大象”[①]？你自己是不是也成了一个“房间里的大象”？“大象”可能有很多，有位领导者就曾这样打趣道：“如果房间里有很多大象，用不了多久地板就会塌的。”

看看与信任相关的因素。做出的决定对组织中的信任会造成怎样的影响？做出这样的决定体现了组织的价值观和对孰轻孰重的判断吗？还是违背了？所要做的决定是如何体现对于人的关注和尊重的？考虑了人的能力和人的正直性吗？如果有些东西没考虑到，是什么？当前该如何看待那些缺失的东西？

① “房间里的大象”（elephant in the room）是英文中的谚语，意为虽然房间里有头像大象那么大的庞然大物，但是房间里的人却对它视而不见，没有一个人去谈论它。在组织管理领域，常常用此来指那些人人都看得到的重大问题或重大现象，却由于种种原因，大家有意地在对话中避开，有意选择避而不谈。——译者注

看看与社群相关的因素。要在大家面前坦露脆弱，还需要什么条件？需要具备哪些条件你才敢对大家说“我不知道”“我需要大家帮助”这样的话？就算其他人与你的看法相左，考虑一下其他意见，从其他的角度来看问题，那又会怎样？如何才能让你看到你们这个社群的丰富性，并以此来充实你的视角观点？感知不同的态势，考虑他人，也试着从他们的视角考虑。如果使命清晰，大家彼此充满信任，便可以把问题交给大家，让大家去寻找解决问题的思路，并看看有哪些人愿意站出来将所提议的方案变成现实。如果没有人站出来，是不是因为这个问题并不像你想象得那么急？大家不愿意站出来的现象，是否说明了什么？

看看与悖论相关的因素。两个看起来不相容的想法、因素，有没有可能都是正确的？以“有彼有此”的方式涵泳其间，是否会给自己的视角带来一些变化？如何让双赢变成可能？如何做到“有彼有此”，而不是“非此即彼”？

看看自己有没有总困在一个地方。面对各种决定时，导致你的真我总无法完全“临在”的东西是什么？你会防卫自己吗？你对抗自己的防卫行为吗？你是否被卡住了做不了决定？你会有炸毛的时候吗？这些压力之下的反应，以前你面临决策难题时是否也出现过？如何重构“你是谁”这个命题，让自己不会总被困在一个地方？还有哪些类似的做法能让你固本强基，然后迈出前进的步伐？

看看自己在莫比乌斯带上的状况。你是否在莫比乌斯带上被困住了？还是正沿着这个环带前进？抑或是正要从边缘坠落？如何通过内省来获得内在的视角与力量？考虑了你自己的想法、你遇到的情况，以及考虑了具备相关能力的同事与社群之后，你是否会考虑将行动方案付诸行动？长条纸是通过胶水被粘成一个莫比乌斯带的，如果把信任看作胶水，你在考虑这个决定时，可以信任什么？信任谁？如果你希望自己能得到创生之勇——一种积极健康的涉险求进、有所创造的勇气——为了创造条件让这种信任、这种勇气出现，你作为一个领导者，应当在哪些方面尽责？

每一次停下来进行这样的反思，人都在明心见性，这会让所做的决定少些恐惧和悔意，多些勇气与信任。做出智慧抉择的过程，就是找寻自己的里外合一和彰显勇气的过程，也是让自己做到里外合一和彰显勇敢的过程。

第11章

伸手相连、彼此信任的勇气

我想要的，正是不可能的东西：我想让事、让人、让地点、让各种思想，尽可能保有多样性；同时我又想让事、让人、让地点、让各种思想呈现一统。我想要的一统，是不失任何个体独一性的一统。

——插画师、出版人，埃米尔·安东努奇（Emil Antonucci）

在加尔特福音神学院（Garett-Evangelical Theological Seminary）的学校食堂里，随处可见文化背景、语言、宗教派别各异的学生。2014年起拉莉娜·雷克托（Lallene Rector）成为该学院的新一任院长后，她还想更进一步地将学校变成一个更开放接纳、更欢迎各种多样性的地方，这也是学校的本有之义。她宣布了一些学校未来整体面上的工作要点，包括种族问题、反暴力问题、总以白种人为出发点订立规范及其特殊待遇的问题、提高人们文化多元性的能力问题等，未来将从这些角度来做好学校的各项工作。而她首先关注的点，就是对性少数群体①（LGBTQ）的开放和接纳。

在拉莉娜看来，她想要做的还远远不止在学校里营建安全、多

① 性少数群体是指在性倾向、性别认同、性身份或性行为等方面上与社会上大多数人不同的群体，也就是常说的LGBTQ群体，LGBTQ是几个单词的首字母缩写：女同性恋（Lesbian）、男同性恋（Gay）、双性恋（Bisexual）、跨性别（Transgender，跨性别是一种性别认同而不是一种性倾向，指个体的性别认同不同于其出生时被指定的生理性别）、酷儿（Queer，指各种非主流的性别认同、性倾向、性实践、性与性别表达等的集合身份）。——译者注

元的校园文化，她的目标在于，要让从这里毕业的人或教会领导者，在具备这样的意识以后，也能在自己的教区去传播同样的理解、对话和公平。更重要的是，她希望在不远的将来能有越来越多的宗教派别在任命牧师时，不再将人的性取向作为判断标准。不过，拉莉娜的这些更远大的希望得始于足下，先从她作为院长所能够影响的神学院开始做起。

“虽说我们学校早在 1997 年时就出台过一些政策宣言，要求在评分过程中不允许歧视，但这些宣言都已年代久远，而且力道也不足，我们还可以做得更好。”

拉莉娜明白执行新政策得从自己做起，她决定针对“开放接纳性少数群体”这一个点开展一系列的对话，每次邀请 25 个人、一共 4 次，每次请各方面的人来参加，包括学生、老师、校董、教职工等。用信任圆圈准则来规范大家在对话时所需秉持的原则：“开迎乐见”；搁置评断、真心探询；对他人不修正、不解救、不提建议；表达自己观点的同时也尊重他人的观点；允许沉静……

每场对话都先以开放、真诚的提问开启，引导参与者先从自己的切身体验说起：找到自己座位两边的伙伴，讲一讲你自己曾经历过的一次让你觉得自己异于他人的经历，以及你当时的感觉如何。在所有参与对话的 100 个人当中，只有一人（男性白种人）回答说他“从来没有”感到异于他人。

然后，大家可以开始谈各自关注的一些话题，像是如何辅导卫理公会教派的学生获得神职、设置第三卫生间[①]、重新审查现有的课程设置，等等。

---

①“第三卫生间”原指为解决一部分特殊对象（不同性别的家庭成员共同外出，其中一人的行动无法自理）如厕不便的问题，例如女儿协助老父亲、母亲协助小男孩、父亲协助小女孩等，而出现的方便他们使用的卫生间；随着性少数群体平等权益的发展，“第三卫生间”也指方便跨性别者使用的卫生间，有时也称“中性卫生间”。——译者注

“我们这些对话的关键，并不是想让大家都对性少数群体的存在和生活方式的道德性、正当性予以首肯，但至少我们应当接纳并欢迎各种各样的人，而且还要一直这样走下去。同时我也想让我们这群人通过这个大家都觉得安全的过程，将自己在这个点上的顾虑全都讲出来，让不同的声音得以表达、被他人倾听。没有这个过程，就不会有我们学校层面即将出台的宣言。

“谈论这样的话题会有很多不可预知的情况，往往一石激起千层浪，情绪的波动会很大，甚至很有可能当场闹翻。我要坚持的是，这些事大家都要带着**尊重**来做，而且我们必须得为此**做些什么**。”

几场对话后，学校向校董事会正式提出了一些措施建议，并得到了肯定的答复。得到正式批准后，学校下一步要采取的行动就有了基础。除了像这样召集大家开展对话，拉莉娜还有很多其他需要做的，对话只是开头。她让大家回忆自己曾有过的异于他人的切身经历，由此营建富有同理心的氛围，这样大家也就能拥护学校将要采取的一些变革举措。

一家机构如果真的拥抱多元化，将其作为自己价值观的一部分，那他们就不会只在房间里小打小闹地动动桌椅，需要时，他们会重搭整个架构。

——教授、引导师，雪莉·瓦特（Sherry K. Watt）

11.1 重搭空间，联结群体

西格丽德·赖特[①]成为“社区环境理事会”的首席执行官之后，做的第一件事就是更换办公家具，敲掉了一堵隔墙。“我们的工作本就是关于环境方面的话题，讽刺的是，我们自己却在这样的办公环境里工作，每天长达 8 ～ 12 小时。更糟的是，我们的办公室设计得就像兔子洞一样，过道阴暗，空气也不流通，给人一种隔绝感。”

一个被他们称作“西厢房”的空间倒是阳光充沛，但一堵墙却将它同整个东面办公区一分为二，这里成了一个“遮望眼”之处。西格丽德敲掉了其中一面墙，在另一面墙上打了洞，装上大大的法式玻璃门，让光线也能照进其他的办公区域。另外，她还增加了一些用绿植做成的“勃勃生机墙”、一个很高调的自行车停放处，以彰显他们组织对绿色出行理念的重视。“办公室的改造也改变了每位员工的精神状态，”西格丽德说，“西厢房与整个办公区浑然一体了，抬眼可见，现在这里成了我们的灵活办公区，摆放着色彩明快、方便移动的家具。对我们的员工、实习生、合作伙伴来说，这里真是焕然一新，大家更喜欢待在办公室里了，办公时更有干劲，协同效率也提高了，因为他们有了这样一个聚在一起就能产生创意的好地方。”

借助空间的重搭，西格丽德还同时调整了大家开会的方式，他们不再在那个放着长条桌的房间里开会了。“在那个会议室里开会，主持人总是被迫坐在长条桌的首席，因为只有那个地方才可以看见所有人。大部分情况下这也没问题，但我想的是，给我们的员工例会带来一些不一样的味道。”现在那个新的用来灵活办公

① 西格丽德·赖特是“引言”一章中开篇故事的主人公，相关人物背景信息可参考相应章节。——译者注

的西厢房成了他们开会的地方，大家可以舒服地围圈而坐，有时有员工把自己带来的小孩放在房间中间的毯子上，这也是很平常的事。

后来发生的改变——在工作中邀请大家（也欢迎大家）共同承担领导者角色则更具战略性。西格丽德开始在双月会议上让大家轮流做主持人。“每个员工的需求不同，对领导力的定义也不同，有些喜欢情感联结的人会在开会前先让大家说感受，以此作为破冰活动；有些则会先让大家进行宏观愿景展望，以此来让大家热身；有次开会时，还有一位员工让大家做分享个人价值观的练习……这些变化都意义非凡：（1）它给了足够的空间，让大家以自己的理解来行使领导力；（2）这里成了大家的练兵处，大家对于什么叫健康、快乐、高效的工作环境更有自知了，他们通过自己的手去营建自己向往的工作环境，而不是把问题反映给我，让我解决。我告诉大家，‘你想要什么，那就直接把它做出来！’”

西格丽德还做了另外一个大的改变，即每周空出一个下午给想约她时间的同事，这对她和整个团队来说都是件好事。“每天都有事情不停地来打扰自己，对管理者来说这算是条宇宙铁律了吧。我发现自己像接网球一样应接不暇，事情嗖嗖地向我飞来，这样下去，人是不会有机会学习成长的。现在做出了这样的改变后，虽说其他时间我的大门也依旧向大家敞开，但如果有些事情是能等到周二下午再和我约谈的，那么我会在那个时间把其他的工作都推开，然后让自己进入一种深度的聆听。”所做的这些，都是为了进入我们在圆圈准则中提到的第二条准则：尽最大可能，整全地“临在当下”。西格丽德还说：“我会尽量地问开放、真诚的问题，帮助同事思考下一步该怎么办，而不是由我来给出解决方案。”

彼得·布洛克[①]（Peter Block）在他的书中写道，当领导者把关注的点聚焦在“大家是如何在一起的”时，改变才会发生。布洛克说，领导力就是一种“召集力”，领导力要真正发挥作用，需要领导者转换大家因何而聚的那个空间，能够通过有力地提问把争议的点亮出来，做到真正的倾听，而不是去推销什么、辩护什么、提什么建议。工作空间布局如何设计，也会对大家产生很大影响。“设计的过程本身也应当成为一个样板，把它做成大家想要的未来的样板。”

西格丽德在设计他们那个开会的房间时，便是这么做的，她考虑到了大家之间的互动。大多数会议室的设计意在掌控人、说服人，与人讨价还价，通过调整家具的布局可以改变大家在会议室里的互动模式。日复一日把价值观活出来的过程，才是在真正考验我们是否做到了言行一致。从以上我们看到的西格丽德如何对待团队的故事中，无论她是面对群体还是个体，我们都能从她的出发点和她的存在状态中看到这一点。

当需要我们打开思维、打开心灵、打开意志时，我们周围的物理空间也须得与之匹配。当你进入一个新的组织工作，有多少次你听大家说欢迎你，可其实当你真的给他们带来一些新东西时却并不受欢迎？一句“这在我们这里行不通”就排除了学习和成长的可能性。真正的“欢迎”，应当也欢迎人带来新的惯例、新的习惯，欢迎人通过所做的工作来表达他们自己。这么做是需要勇气的，也需要开放、真诚的提问，至少，要去看看这些新的东西有没有可能融入大家，变成一起共创的一部分，去开辟大家的前路。

---

① 彼得·布洛克是美国俄亥俄州的一位从事有关管理咨询以及社群支持等工作的知名顾问，是授权、管理、尽责以及社群调解等专业领域的咨询专家。——译者注

形形色色的多元性，透着力量，透着美。正是经由形形色色的经线和纬线的交织，才织就了一件精美的挂毯。所有的经线和纬线，不管什么颜色，都一样重要。

——玛雅·安杰卢

11.2 乐见形形色色的多元性

在工作、生活中，你遇到过哪些欢迎你、乐见你的行为？又见过哪些不待见你的行为？什么时候你能感受到自己身处一个被人看见、被人听到、被人珍视且觉得安全的空间？

凯特·谢泼德①讲了这样一个让她感到受欢迎的故事，尤其是对她这样一个内向、羞怯的人来说。凯特第一次参加我们的退思会时，身边坐的一圈都是陌生人，正当她弯下腰准备从包里取一支笔的时候，工作坊的主引导师马西·杰克逊正巧要从她的位子旁边挤过去，凯特脱口而出："噢，天哪，真对不起！"她对挡了马西的去路表示歉意。这种情况下，大部分人都觉得马西可能就只会回一句"没关系的"。马西没有这么做，正好把它当作一个认识凯特的机会，她用手摸了摸凯特的肩膀，说道："噢，凯特，对于你的到来，我真高兴，欢迎你来参加。"

马西的反应对凯特带来了深刻的影响。"对我来说，这是一种对人的欢迎，它把我迎到了一个安全的空间，让我在后面整个退思会中都放松了下来。"

"欢迎与接纳"，有时很简单，可能就是确保一下来参与的每个人都有位子可以坐。"欢迎"——有时就是看到同事时或对走过来遇到的人说一句"你好"；或是在进行不易开口的对话时，与人比肩

① 凯特·谢泼德在第 9 章的人物故事中出现过，关于她的背景可参见相关章节。——译者注

而坐，而不用一张硕大的象征权力的桌子造成人与人的隔阂。“接纳”——如果是在跨国公司上班，可以是对彼此伙伴的时差特别留心，不要让远在其他国度的同事凌晨来开电话会议；还有，谁对什么食物过敏、彼此不同的宗教节假日、不同的生活方式（有小孩的家庭、没有小孩的家庭）……这些都是考验平等与包容的地方。如果开始意识到在各个方面人和人会有不同，就会开始看哪些政策规定可能会对有些人友好、对有些人不友好——有些人可能会觉得这搞得太复杂了，但这的确可以成为一个契机，一个可以带着好奇展开对话的良好契机。

当谈到上面这些表现出“欢迎与接纳”的做法时，我们没有忘记，也没有否认当今世界还存在着令人哀痛的、复杂的现实情况——像是结构性种族主义①、被边缘化的人受到的压迫，这些现象还深深地扎根在我们生活的社会中②。

雪莉·瓦特教授也是我们勇气与新生中心的一名引导师，她对我说道：“正如要看到光明一样，我们也要看到丑陋与黑暗，不必急于从丑陋与黑暗中逃离。如果有越来越多的人来关注系统上的问题，而不是针对某些人进行斗争，我们就有可能将那个把我们所有人都捆住的系统拆除。”

瓦特教授在她写的《引发变革的多元文化举措设计》（*Designing Transformative Multicultural Initiative*）一书中，用“搬家具”来比喻一些必须要拆解掉的结构性阻碍：“要进行这样的转变，人需要发展一些技能来开启不易开口的对话，让对话既高效又遵循一定的原

① 结构性种族主义（structural racism），该说法也常常与“系统性种族主义”（systemic racism）、“体制性种族主义”（institutional racism）的说法混用，用来指一个国家或一个社会当中诸多深嵌于普遍理念与认识中的体现在系统层面的种族歧视，表现在司法、金融、教育、文化生活等社会诸多方面；这个概念与因个人好恶而表现出来的个体层面的个人歧视相对。——译者注

② 从上下文看，这里指原作者所在的美国社会。——译者注

则。”这样的对话只可能在真正的人与人的关系中发生，而在真正的人与人的关系中，需要尊敬地去看待每个人是怎样的人，他们有着什么样的价值观与信念。

“我们需要认识到，这些需要搬的‘家具’有多沉（例如，美国的结构性种族主义已经很严重），有的还被钉子牢牢钉在地板上了，”瓦特说道，“必须很多很多人一起动，才可能搬动那么一点点。好在我们已经认识到这种‘家具’的存在，而且知道必须要搬走——但我们也得正视这些‘家具’很沉的现实情况，我们先得与这样的局面相处，然后才谈得到用什么策略的问题。”

瓦特写道：“这包括三个层面的目标，一是积极地、带着批判的眼光去看历史上形成的以及当下存在的传统和做法，了解其根源是什么（这是‘动脑’层面）；带着真诚、带着自我觉醒去探究人的自我与出现的冲突点的内涵外延之间是什么相互关系（这是‘动心’层面）；然后大家再一起采取一些考虑周全、社会公正的行动来改变这样的局面（这是‘动手’层面），同时这个行动还要和之前的反思做好平衡。”

这便是你的人生，也许你会觉得人生从不是这样的；可你就是它，它就是你，因为若无你参与，它不可能与你互相成就。

——弗雷德里克·比克纳（Frederick Buechner）

11.3　接引心灵时莫带企图

为了让人们开展真正的对话，需要营建一个人可以托付信任又恪守互动准则的空间，我们之前提到的信任圆圈准则，就是为此设立的。多年来，我们中心的这些圆圈准则通过相应的引导技术，支持到了很多关于种族、阶级、性取向等与多元化有关的对话场景。不过，这里面也存在一个悖论，因为“如果我们邀请人把自己的心灵呈现出来，是为了解决某个社会问题，那么人的心灵又会马上被吓回去的。这是因为这么做，无异于想要去修正一个人”。想要贴近人的心灵，只可以是出于尊重的初衷，不可以出于任何想要引导它、要求它走向某种特定结果的出发点。

帕克在《隐藏的整全》一书中讲了这样一件事：有个社群的领导者想找帕克帮忙，因为他们学校正被种族歧视问题搅得左右为难，他们想让帕克通过“信任圆圈法”来帮助缓解局面。虽说帕克对他们的困境也很关心，但他还是告诉他们这个忙他帮不了——至少，在这种情形下是帮不了的——因为他们想要这么做的想法折射出了他们对信任圆圈的一个误解，信任圆圈之所以值得心灵托付，并不是他们想的那样。

我们不能把人召集起来，然后告诉他们说：“在这个信任圆圈里我们想邀大家发出心灵的声音，以便我们可以解决有关种族歧视的问题。”一旦这样做，就出现了一种不可理喻的扭曲：有人会觉得他在这个圆圈中是带着“白种人的心灵”、有人会觉得他在这里是带着“非裔美国人的心灵”、有人会觉得他在这里是带着“西班牙裔的心灵”……可人的心灵是分不出种族，也分不出族群，人的心灵是人类共有的人性加上个体独一性组成的。一旦把人的心灵绊在有社会分别的陷阱里，并想以此来解决一些问题，这个过程就扭曲了心灵的本性，它会马上遁形。

这给我们提出了一个问题，在谈及触及人情感的话题时，真正“安全”的空间是否能营建出来呢？我们无法假装社会分类、分层的现象不存在（种族、阶层、族群等），这些东西会使我们本来要处理的多重张力更加复杂，因而当大家真正要去谈一些特别要紧的话题时，信任是必不可少的。

"包容"关注的是"是不是所有人的想法都被听到了"；而"公正"关注的是"有没有什么想法因为只代表了少数意见而不被重视"。

——博士，达菲娜 - 拉扎勒斯 · 斯图尔特（Dafina-Lazarus Steward）

11.4 要"安全"还是要"勇敢"

无论出于什么原因，人与人之间的不同都会形成一种威胁感，当人暴露在这种"不同"中时，需要具有一定的勇气。坐在一群不认识的人中间，你不知道其他人对你说出的话会有什么反应时，这也需要勇气。这时一些如何开展对话的基本准则就有存在的意义了，它可以定义大家共同认可的一些原则，以便人能够涉险来表达自己的所思所感。想要大家同理他人，得在这样的信任圆圈当中才有可能做到——"噢，原来你的感受是这样子的，我原先并不知道。"

拉莉娜承认，不存在绝对"安全"的空间："我们无法保证人完全免受焦虑的袭扰，但可以做到营建尊重的氛围，不强迫任何人发言。在专门引导之下有过坦言自我的体验，能够鼓励有过这种体验的人在日后的生活中继续这么做，或是发起这样的对话。"

近些年来，"安全的空间"已成热词，尤其是在大学校园或其他一些关注社会公正的机构里，有时甚至把"安全空间"当作避免冲突的手段，这偏离了"安全空间"原本的"以尊重之心去看待人与人的不同"的初衷。布赖恩 · 阿拉奥（Brian Arao）和克里斯蒂 · 克莱门斯（Kristi Clemens）对这种现象进行了研究，他们发现大学生们会混淆“安全”和“舒服”这两个概念。随着对话从一开始的礼节性发言进入真正有矛盾的言辞，这时大学生想要“安全空间”其实是为了得到一种庇护——这时他们所要求得到的保护感，并不重在保护大家发言的自由，而重在保护大家免受这种情况下焦虑的袭扰。当学生表现出一种防御姿态时，会不自觉地进入一种故意忽略、转移话题、退缩的行为模式，不去面对眼前的挑战。这两位研究人员想要通过研究了解，学生们的这种反应是不是说明他们对于以这样的方式进行对话、接受挑战还未做好充分而诚实的准备。他们提出：“动辄借助‘安全空间’的习惯性做法，其实自限了他们自己也该付出的努力，是不是？”阿拉奥和克莱门斯提出的解决思路是，不要总想着不敢涉险，这里应该要用到的词是“勇敢”而不是“安全”，这样一来，学生就能理解空间里真正所需的是什么，面对对话时出现的挑战，也就敢站出来迎难而上了。

这种对话和平时不太一样，需要勇气，这样的对话会拷问我们的内心、我们的行为举止、我们的习惯性假设，以及造成我们盲点的那些隐含偏见；这样的对话会把一些让人感觉不太好的情绪带出来，比如恐惧、悲伤、歉疚、愤怒等，这些情绪又会带出一些记忆中的经历——被人侵犯的经历、自己对他人施以暴行的经历等。这些东西会立马让人感到不快，人很难长时间停留在这种不舒服的感觉当中，也很难继续在对话中保持开放的状态。

然而，每当我们把某种东西清楚地表达出来了以后——无论是写在纸上、写到日记中，或是在与某人的谈话中说出来——我们都会感觉到这些东西于我们而言变得更真切了，这也是为什么我们需要营造比平时更“开迎乐见”的环境来让大家表达。

这种与他人相连的勇气，需要我们带着开放的姿态，也需要我们去珍视别人的“他性”（otherness）。当你有了真实的领导力，就会让大家感受到你在珍视大家独一无二的贡献，也乐见多元多样性。这时这种领导力的展现有可见的部分，也有不可见的部分，不一定都能通过外在手段来加以衡量。但如果你期待人人都将自己真实地呈现出来，自觉自知且真实，那么你自己作为领导者就需要身体力行地把这些特点表现出来。

正是在与异于我们的人打交道的过程中，我们将懂得虽存异但大家都在同一条船上的道理。人与人之间的不同，其中有一些将变成滋养我们的养料,另一些让人烦扰的,则可以互有进退。就算有利益冲突，我们之间仍可以心平气和地做买卖。

——帕克·帕尔默

11.5 摆下筵席，以真诚相邀

我们中心的圆圈准则不仅在我们的培训课程中使用，也被其他人用在许多其他场合，有时还会根据不同的受众和目的有所调整。密西西比大学威廉温特种族和睦研究所（William Winter Institute for Racial Reconciliation）的苏珊·格利森（Susan Glison）及其团队开发的“诚邀之席”（Welcome Table）引导流程中就运用了一些圆圈准则，另外，在苏珊与其伴侣查尔斯·塔克（Charles Tucker）共同设立的名为“公平可续”（Sustainable Equity）咨询公司所开展的咨询项目中，圆圈准则也是最为核心的组成部分，还被用在一些大型公司、警署、公共部门的一些与种族和睦相关的对话中。用查尔斯的话来说，他们做这些的终极目标是“让别人无须他们的支持也能进行这样的对话”。

当一些社群及组织请苏珊及其同事帮他们引入“诚邀之席”流程时，大家的诚意很明显，他们是想把种族歧视当作一个问题拿出来谈，但同时也能感觉到他们在其中带着的悲观情绪。有些时候，进行这样的对话可以直接跳进很“走脑”的流程，例如，引导师让大家讨论：你第一次意识到种族歧视这个“房间里的大象”是在什么时候？而有些时候，最好先让大家从自身的生活经历谈起，先不那么“走脑”，需要先“走心”，做法上可以通过一些有创意的活动来进行。

“诚邀之席”引导师会使用一个叫作“我从哪里走来”（Where I'm From）的工具，帮助参与者更好地体察自己的情绪，这个工具是受诗人乔治·埃拉·莱昂（George Ella Lyon）的启发开发的（莱昂这首《我从哪里走来》的诗很美，有很多以对话为基本工具的工作坊都会拿他的这首诗歌来做文章）。引导师邀请参与者用写诗的方式来回答“我从哪里走来”这个问题，让他们搜索记忆中自己最初的那些源头：在自己长大的家里、后院、邻里之间去搜寻一些东西（例如，小发夹、奶奶家的门庭、破破烂烂的耙子、街角小店）；故人的姓名、家族中的佳话；一些食物名、菜名、歌名，等等。

苏珊自己的《我从哪里走来》之诗是这么写的：

我从妈妈为我穿衣戴帽中走来，
从焗烤红薯泥[①]中走来，
从妈妈从不请病假、从未上过大学，
却想着要让我可以上大学之中走来。

查尔斯的《我从哪里走来》之诗是这么写的：

① 焗烤红薯泥（sweet potato casserole）是美国感恩节餐桌上的一道经典菜。——译者注

我从那平平整整的黄土地走来，

从那一望无垠、消失在地平线上的田野走来。

我从紫薇树和胡桃树那儿走来，从山核桃树林中走来，从早已远去的“棉花为王”那儿走来——而今王已不再[①]。

苏珊说：“每次当我们告诉参与者‘我们会让每个人都写一首诗’，大家都吓坏了，人人都说，天啊，我也不是诗人啊！真的要写吗？能不能不写，最好不要让我当众念……但这个写的过程，会让大家深入自己早已遗忘的一些家庭及成长往事中。等都写出来了，大家你推我，我推你，看谁第一个来念。至今，我所听到过的这些诗，每一首都很美。”

还有人告诉苏珊，他们后来还将自己写的诗裱好送给家人，还有人说，他们从此以后每天都以不同的方式在写诗。显然，这已经不只是一个写诗的活动了，在写诗的过程中，在与他人一起的过程中，大家会看到把自己原原本本的样子亮在大家面前没什么大不了，虽然一开始时不免恐惧羞赧，但大胆做就是了。这项活动之后，引导师便可以引入可能会让大家都不太舒服的一些讨论议题了，“经过了这个活动之后，大家都能够做到即使在有些许不适的情况下，也不会离席而去了”。

① 美国独立后，南方和北方沿着两条不同的道路发展。在北方，工业革命推动资本主义经济迅速发展，南方则实行种植园黑人奴隶制。随着当时棉制品在全球的日益普及，美国南方的棉花种植业傲视全球（全世界四分之三的棉花都由美国生产），以至于 1858 年，面对一触即发的南北内战危险，南卡罗来纳州参议员詹姆斯 · 哈蒙德不无狂妄地表示：“只要北方胆敢开战，不费一枪一弹，我们即可让全世界臣服……事实上，没有任何力量能够向棉花发起挑战，因为棉花为王。”1861 年美国南北战争爆发，直到 1865 年北方最终通过强大的工业能力及动员能力战胜了南方，特别是通过解放黑奴宣言的发表，将战争变为一场消灭奴隶制的革命战争，将南方赖以生存的黑奴制彻底打破。而哈蒙德等人口中的“棉花为王”（Cotton King），也由此被逐出了“王廷”，一去不复返。这便是此处诗歌中所说的“棉花为王”以及“王已不再”的历史背景，查尔斯引用此典故表明他的家乡是在有着这段沉重历史故事的美国南方。——译者注

苏珊解释道，他们通过“诚邀之席”引导流程在参与者之间营建信任，当引入“关爱真我”[①] 这个点时，还出现了一些意外的惊喜。我们想要让大家知道，人人都可以做到在心理上、情绪上“临在当下”，只是在有压力的情况下，人会不自觉地启动自己身上内隐的偏见，一旦在压力作用下变了质，人会做出什么样的行为反应就很难说了，这时信任被搁置了。

苏珊说：“其实某种程度上看，大家所分享的东西是人人共通的。只是现如今大家身处充斥着各种媒体、一天 24 小时连轴转的世界，已无法停下脚步来思考了，一件事完了马上又要处理接下来的急事。每个人都又‘卷’又累，我们必须挤出时间按下暂停键，一起做些反思，相互联结，一起呼吸，去倾听内心之师的声音。”

一般情况下，当苏珊要大家进行自我关爱时，他们先会抗拒，觉得这实在是太奢侈了，大家都没有时间做这么奢侈的事。可等大家都开始进入流程，完成之后却都说：“原来这不是什么奢侈品，这是刚需品啊！”苏珊举了一个例子来说明这么做的必要性：“警局的警员们常常是马不停蹄的，上一秒还在一个恐怖的犯罪现场，下一秒又去疏导交通阻塞了，中间连缓冲一下的时间都没有。他们就这样背负着伤痛从这一站到下一站，这时如果我们还要求警员们不可以带着情绪办事，就太过分了。”

让大家把自己所经受的感受说出来，把自己是什么样的人里外合一地活出来，这都是自我关爱的一种表现，是一种对真我的关切。

这几年间苏珊在很多存在深层分裂的地方，通过这个引导流程帮人们做了很多变革项目。我问她：“要跨越人与人之间的不同，大家可以做的第一件事是什么呢？”她答道：“我希望大家都能够认识到这条路就在自己脚下，从自己家里开始，从朋友那里开始，大家

---

① “关爱真我”也是本书理念体系中的一个重要组织部分，参见第 6 章内容。——译者注

不需要觉得非得跑到首都华盛顿来才能做这样的大事。就向人们伸出你的手，邀请对方一起对话，带着尊重，无须抱怨，无须羞赧。可能需要做着做着才会有感觉，但我想对方是会有反应的。”

第12章

是去是留，勇气昭彰

我怎样才能知道，到什么时间点，我该去往下一站？

我要去继续成长——

不然就只能死在这里。

——韦尔斯利学院第 12 任校长，黛安娜·查普曼·沃尔什（Diana Chapman Walsh）

戴夫·博耶（Dave Boyer）的职业生涯是从做美国 ITW 集团的工程师开始的，ITW 集团总部设在芝加哥，是一个生产制造型的大公司。那时戴夫任产品设计师，职业发展进入了快车道，参加了一些领导力发展项目后，他很快升到了客户经理的岗位，几年后又做到了生产经理的位子。虽说从收入上看非常不错，但工作的压力也给他的健康造成了损害。他在采访中对我说道："那时我身体已经不太好了，得了溃疡性结肠炎，因为我把感受到的压力都转到了我的腹部。"

就在那时另一份工作找上门来，那是一家在威斯康星州麦迪逊市的一家做塑料包装的小公司。戴夫记得这家小公司营收额只有 800 万美元，人数不过 50 人左右，但这份工作还是吸引了他。戴夫说，那时周围很多人都对他说："别换，你现在的工作那么好，为什么要换呢？你都走在成功大道上了，平步青云。"但戴夫还是接受了这份新工作。

我问他为什么，他回答："离开原来的工作、走向下一个岗位需要很大的勇气，但我觉得这么做是对的，那份工作更适合我。那时我觉得自己并不太适合在风险责任太大的大公司里工作，至今我仍觉得当时那种想法是对的，放到现在来说也是对的，虽说我在大公司里做得还不错。"

八年后，戴夫做到了那家塑料包装公司 CEO 的位子，时年 45 岁的他，持有公司的股票，公司发展也欣欣向荣。但随着时间的推移，戴夫又想要自己另做一家公司，以自己想要的方式来领导一家公司。"我想把自己通过学习学到的领导模式用在我的公司里，比如环境的可持续发展、员工参与式的管理、与所在社区保持互动等。"他想在自己的公司里践行最先进的管理和领导思想。

于是戴夫找到东家并把想法告诉了他。"我在那家公司做了 15 年，我知道他原以为我会一直做到他们有家庭成员或是有其他人来接手为止的，然而我还是告诉他我决定走了。我当时说，公司做得很好，我也做得很好，都没什么问题，只是我想去做其他的事了。我明白早晚他们家族成员会来接手公司的，于是我便离开了。"

走出这一步去开创自己的事业需要冒很大的经济风险。"基本上我把我整个身家都投在这家公司里了，为了买下这摊业务，我以无限责任担保的方式去银行举债，假如那两次经济大衰退我们没有扛过来，我就可能真会一无所有，真的一分一厘都没了。但那时我就觉得似乎这是件对的事，结果也确实证明，这是我所做过的最有满足感，也最为重要的事情之一。"

戴夫很清楚是什么让他迈出了这走向未知的一大步。"肯定需要很大的勇气，去想明白你心里到底是怎么想的，什么是对的选择，这将让你驶向何方，自己想要做什么，想要成为什么样的人，在这些思考之后才有了我迈出的这两步。现在回头看，连我自己都觉得:‘天哪，这两步都很有可能失足啊！’这都是要等到很多年后才会知道到底走得对不对。”

戴夫两次选择离开收入不菲的工作岗位，既是勇敢之举，也是他关爱真我的表现。基于对自己是谁的认识，对自己内外完整性的认识，他让自己的“心之所往”和“身之所从”走向了合一。他的身体状况也似乎对此做出了反应，从第一份工作离开后，溃疡性结肠炎就好了。现在他还时常让医生看看病情，但已经 30 年没有复发了，戴夫认为这归功于医生的治疗，还有自己的觉知以及冥想的作用。“在那个节骨眼上，这些都是极为重要的因素，自己需要有所觉知，是什么让自己感到了压力，压力又转移到了哪里，如何才能管理好压力，如何才能知道压力是从哪里来的。”

戴夫后来和琼·菲利普（Joan Philip）结婚了，也是他的一位业务伙伴，他们一起创办了一家基于可持续发展价值理念的公司——MCD 股份有限公司。这家公司后来成了一家行业内领先的公司，现有人数 60 人，从事直邮广告、包装、出版、信用卡及礼品卡制作等方面的业务。在这个公司里，戴夫和琼想要营建一种把冒险当作学习良机的文化。到了他俩快退休的时候，他们决定以让员工持股的方式把公司卖给员工。“我们最后把公司卖给了员工，为我们这些年来想要创造的东西画上了一个圆满的句号，把公司完完全全地交到了员工自己的手里面。”

值得注意的是，戴夫做这份事业的热忱并非是因为他喜欢做塑料行业，反而是因为他关心可持续发展，他把自己视为地球的管家。他给我讲了一个小故事:

“应当地大学一位伙伴之邀，我常到校园里开设有关可持续发展的讲座，几乎每一次讲完时都会有人问我同样的问题:‘既然你说你那么关心可持续发展，怎么会去开一家做塑料包装的公司呢？’我回答:‘好，让我来告诉大家。如果我不开这家公司，也会有其他人来开，想想看，如果其他人来开，对环境又会有多少关心呢？’我接着说，我鼓励大学生们到那些造成了最严重污染、对可持续性产生了最坏影响的公司里上班，给那里带去变革。如果关心环保的人只愿意在一些已经很环保的组织中工作，我们是看不到这个世界有什么改变的。因为，在那些不环保的组织中，那里的管理层会依然如故做一些不环保的事。我希望我的这个理念能给大学生带去一些影响。”

在分享这些的时候，戴夫就像一位睿智的长者，像许许多多带着好奇去探究和解决问题的人一样，他们自己照亮着自己的路。在最开始的时候，戴夫受爱德华兹·戴明[①]（W. Edwards Deming）质量管理理念的很大影响，后来又深受彼得·圣吉[②]（Peter Senge）《第五项修炼》及此后出现的一系列关于系统思考的书籍的启发，接着又从卡尔-亨里克·罗伯特[③]（Karl-Henrik Robèrt）的可持续发展及变化推动模型中获得思路。面对年轻一代的领导者，戴夫想要告诉他们的正是他自己从帕克·帕尔默那里学到的这一点：在找寻答案时，首先向内求，其次再向内求，最后还向内求，以此来获得你该怎么做的启示。

“领导力是从人内在深处发端的，我所学的知识都告诉我，不要将流程和组织凌驾于生命之上，凌驾于我们的梦想之上。人一手打造的组织，不要反过来让人变成它的奴隶；流程有可能跑偏，所以不要为流程所限。相反，多去理解这个世界是如何运转的，这个星

① 爱德华兹·戴明（1900—1993），世界著名质量管理专家，他因对世界质量管理发展做出的卓越贡献而享誉全球，其主要观点“十四要点”成为20世纪出现的“全面质量管理（TQM）”的重要理论基础。——译者注

② 彼得·圣吉（1947—　），美国麻省理工学院（MIT）斯隆管理学院资深教授，国际组织学习协会（SoL）创始人、主席，“学习型组织”的倡导者，当今最著名的管理大师之一。——译者注

③ 卡尔-亨里克·罗伯特（1947—　），瑞典进行癌症研究的科学家，也是全球可持续发展运动方面的重要人物，提出了著名的“战略型可持续发展框架”（the Framework for Strategic Sustainable Development），又称“自然步伐模型”（the Natural Step Framework），为可持续发展奠定了系统性的条件。——译者注

球是如何在可持续中发展的，理解了这些，再把这些传授给其他的人。当人找寻答案，去回答‘自己现在何处，又该去往哪里’这样的问题时，总可以向人性、梦想去要答案。”

如果在一些重要的事面前我们也沉默了，那么从这一天起我们的生命也行将结束。

——马丁·路德·金[①]（Martin Luther King）

12.1 “分手后依然有爱”的勇气

“我常怀疑自己是不是患了‘强迫性分手紊乱症’，”埃斯特拉斯·塔克（Estrus Tucker）说道，“我的职业生涯常出现这种症状。不过在这个比方的背后，也体现了我在心灵上一贯的追求，那就是不甘做一名自我感觉良好的替补球员，不甘只在赛局已定的时候上场。‘爱’需要勇气，‘分手’需要勇气，‘分手后依然有爱’也需要勇气。”

埃斯特拉斯所说的“爱”，是指人对自己人生使命和愿景的一种坚守。“我的心愿是，要在得克萨斯州的沃斯堡以及这个世界上，在欢迎、接纳、团结形形色色的人的工作中，做一名支持者、促动

① 马丁·路德·金（1929—1968），非裔美国人，牧师、社会活动家、黑人民权运动领袖，将“非暴力”和“直接行动”作为社会变革方法的最为突出的倡导者之一，1963年在组织争取黑人工作机会和自由权的“华盛顿工作与自由游行”时发表了著名的《我有一个梦想》的演讲，1964年获诺贝尔和平奖。——译者注

者，发一己之声，把马丁·路德·金提出的‘至爱社区’[1]（Beloved Community）的理念推进，马丁·路德·金不仅构想了这样的一个社区，他也为之奋斗，为之牺牲。”

埃斯特拉斯已经从很多职位较高的领导岗位上卸任了，在其中一些高级领导者岗位上，他都是第一位出任这类职务的非裔美国人，他代表着一种希望。然而，虽然能坐在这样的位子上，每当他看到工薪阶层、被边缘化的人——而这些都是埃斯特拉斯想去服务和触及的人——在一些需要多元和包容的相关场景中所受的待遇并没有实质性地得到什么进展时，他觉得自己也很难在这样的位子上长久地做下去。这其中对他有挑战的点在于，不该因此就变得愤世嫉俗，还要继续坚守自己更宏大的人生愿景。

“当我身处一些会将人边缘化的地方时，看到那些看人下菜碟的现象，我会感同身受。我自己就是在传统的非裔美国人社区中长大的，如今也还生活在这样的社区中。所以在我看来，从一些领导行为角度看，还有太多东西是某些族群的人依然得不到的。当我自己作为领导者身处权力高位时，我能做到的最好的事，就是不忘自己从何而来，不忘那些在工薪阶层上奋斗着的、微小却重要的人的态度和观点。面对权力，我依然会勇于说出真话，因为在我所处的位子上，已经到了如果连我也不出声，就没有人站出来说话的地步了。”

埃斯特拉斯常有一种被道德绑架而不得不继续留任于这种领导岗位的感觉，用这种方式来为其他有色人种争取更大的空间。“可是

---

① 马丁·路德·金在《伯明翰监狱的来信》手稿中，提出了“至爱社区”的概念。他认为通过人以及人观念的转变，可以创造一个以和睦、谅解、友谊、人性、尊严为基础的社区，将彰显勇气的非暴力、理解、信任、爱作为这种社区的原则。在他看来，这样的社区并非一个没有张力、没有冲突、没有对抗的社区。相反，他提醒说，有很多人抱着好的出发点，却走向了一种“消极的和平”（negative peace），他们想要一个没有张力的世界；而至爱社区真正应该走向的是一种“积极的和平”（positive peace），一种彰显公正但同时又要求在我们面对不可避免的意见相左、误解和冲突时，依然要保持与和自己不同的人开展对话的行动。——译者注

这样一来，有时我就不得不牺牲自己的灵魂，妥协着我自己想要在这个世界上做怎样的一个人的想法。”

在他职业生涯中有不少时刻，埃斯特拉斯都觉得一谈到“包容”“多元”这些麻烦的话题，他就被当作一个典型的代表人物。“来自这样的人群，却要去拥护那样一个体制，这其中对我的撕扯终于令我无法忍受了。在多元性的课题下——不仅仅是种族、阶级这些方面的多元——我并不认为体制中有多少正直和诚恳可言。人们常常去头去尾地引用我说过的一些话，甚至用我的一些话来佐证多元性的缺失是合理的。”

埃斯特拉斯有种幻灭的感觉，他在所经历的现实和所向往的理想之间的鸿沟中挣扎，但想要清晰地分辨他这究竟是在妥协自己的使命，还是只是自己的一种抱怨发泄，个中的琢磨分辨也的确似是而非——当他有了想要从这些岗位上辞任的念头时，他的理由是对还是错？

“面对因身份认同和正直感给我带来的张力，如果我只是自我抱怨，就好像我只会做自怨自艾的事而已，”埃斯特拉斯说道，“给我辅导的导师不止一次地告诉我，头脑要再冷静些，他说人不能指望总可以把自己的最高价值追求都充分地活出来。要先留在这样的体系中，才能去改变它。这就是生活。”

埃斯特拉斯相信这些话的确很有道理，而要搞清楚自己现在已经走到了什么阶段，是需要些时间的。“我认识到我现在需要的，是不能就这样算了，不能再这样坚持下去，我现在需要的，是要想清楚自己到底想要在一个组织中以怎样的状态去工作、领导、存在。”

当他明白自己的这种妥协不可能长久的时候，埃斯特拉斯马上采取了行动。“放弃很多很好的东西，真正去做与‘自己是谁’‘自己想在这个世界上做什么样的人’相符的事时，会需要做出很多非主流的决定，做很多牺牲，也需要很多的勇气。”

对领导者来说，这样的张力总会有很多：所做的事情给自己的回报，其中多少是以钱的方式得到的，又有多少是以其他方式得到的？自己的这些所得与自己清晰地知道“自己是谁”“自己想在这个世界上做什么样的人”之间如何平衡？

埃斯特拉斯最后找到的平衡点是去做一名独立的引导师和咨询顾问，在带领群体的过程中，为社区和社群的重建、转型、疗愈、和解贡献自己的热忱，他将自己身上的领导力带到了很多组织和理事会当中，其中也包括我们勇气与新生中心。他致力于从事体现人性尊严、非暴力方面的事业，在密西西比、得克萨斯、北爱尔兰、南非等地都留下了足迹。

他现在所从事的工作与自己的价值观是匹配的，具有使命感和意义感，里外合一。但在他的生活中悖论依然存在：在社群中的他，是一个“与民同在的埃斯特拉斯”；而到了另一些场景下，他通常又成了房间里或舞台上的唯一一位非裔美国人，这时的他又成了一个“既得利益者的埃斯特拉斯”……但这，也算是他在回应着的一种召唤，这些不同的地方他都要去，只要那些地方需要有变革发生、需要有他的声音，那就让变革和他的声音去推动那些地方走向希望，走向人性的相拥。

是好问题“解放”了我们，而不是我们“解决”了问题。好的问题，并非是有待我们去解决的事，它更像是一扇大门，一扇让我们的理解走得更深、通过行动让我们活得更加完整的大门。

——彼得·布洛克

12.2 画上圆满句号的勇气

格雷格·西蒙斯（Greg Simons）成为“元星股份有限公司”（MetaStar Inc.）的首席执行官时年仅34岁，这家公司的主要业务是通过合作式学习和技术支持等手段来提高医疗行业的质量水平。在为这家公司贡献了自己40年的时光后，他开始着手准备退休，打算过两年就卸任。

“在工作最后的几年里，我还能发挥怎样的重要作用，怎样继续关注公司的发展，并尽量做好顺畅的交接，把公司交到下一任领导者手中——要把这些事情想清楚，很需要勇气。”

一边继续领导公司，一边同时需要“划上句号”，这对格雷格来说非常重要。“当我发觉和以前相比，和10年或10多年前相比，在一些日常的事务上，像是一些合同或工程的细节等，大家都已经不太让我事事知情时，内心还是有点小波动的。我想让自己在剩下的几年里，依然是一个对组织有价值的人。”

有些问题，其实他自己身上的“真我”已经有了答案，只是还需要整理一下思绪。在我们组织的一次培训课程上，格雷格利用这个机会听取了其他学员向他提出的开放、真诚的问题，让他对自己进退维谷的局面有了清晰的认识。这些问题包括：*在你的职业生涯中，你做出了哪些贡献让公司有了今天的成就？在这些贡献中，你觉得有哪些是要继续带到未来的？谁来把那些东西带到未来？如何做到？*

“对我来说，重要的事情已经不再是日常运作方面的事了，不再是逐一审查合同、批钱等，重要的事情已经变成了准备交接。”

格雷格说，当他把关注点转移到如何从公司领导者角色中慢慢退出时，他整个人平静了很多。“我这时的角色的确该要转变了，要去想如何将这个长大了的生命体、这个我花了 40 年心血创造的组织交给下一代领导者。”

格雷格目前正用心在做的事情是看自己如何可以把公司的一些文化传承到未来。“我们在过去的时光里所创立的经营哲学和价值观是我们整个组织取得成就的基石，是那些基石让我们永葆健康。当然，我迟早都会离开公司，关于这个，我不会去掌控什么。也许，我现在就已经掌控不了什么了。”格雷格笑着说道。

接　力　赛

我原以为
这是场马拉松，
所有工作
都得我做。
后来知道了
这是场接力赛。
那就完全不一样了。

——朱迪·布朗[①]（Judy Brown），《领导力的艺术与精神》

12.3　顺利交接的技艺

朱迪·布朗发现如今她几乎所有做的工作都像接力赛，她都需要把接力棒交给下一代领导者。“我所做的领导力发展方面的工作非常重要，通过这些来培养新生代的领导者——能够将领导力、学习、创造力这些要求连接成一个体系框架，让变革得以持续地发生于人们的生活中、工作中以及整个世界中的领导者。在交棒时，奔跑速

① 关于朱迪·布朗的人物简介，可参见本书第 2 章中的译者注。——译者注

度是不能慢下来的，在把接力棒交给下一位伙伴时，要继续保持往前跑的势头，依靠交接的流程、依靠队友来完成交接。交棒是最为关键的一步，需要通过合作才能完成。”

当一位领导者把接力棒交出去时，还要考虑他是否也同时留下了自己的光环或阴影。在这个过程中，缺乏内在觉知、内心没有做好准备、无法心平气和地对待交接过程等，都会造成一些阴影。大家是否注意到，傍晚时分日暮西斜时，一些高大的树木或建筑会投下长长的影子？如果交棒的人能做到带着觉知又很艺术地处理交接过程，那么他投下的影子也能成为对大家有益的荫蔽。

对组织中的领导者来说，或是对任何人来说，“放手”意味着那些曾因为自己想要让事情以某种方式出现而形成的假设观念、概念、期待、要求等都要被松绑；“放手”还意味着要放下那些将不再由你的手来继续握持的东西，你的手将会空出来，任由你去找寻新的东西握在手里,同时你也将享受这空手空脚的自由的感觉。你的字典里，不会再有“要控制住”这个字眼。

对一份工作、一段关系、一个地方的是去是留，答案没有对与错，人的每个决定都是走向完整生命的、永不停歇的旅途中的一环。

朱迪说：“‘对’的反面不是‘错’，是‘好奇’，我常常这样想。当我不再坚持自己是‘对’的时候，‘好奇’也就向我打开了大门。”

“留下的勇气”并不只是指留在现在的工作中继续做的勇气，它也代表着一种好奇心，愿意通过问题去获得理解。愿意留下来时，也要打开自己去听取尖锐的问题，而不自我辩护。带着勇气，对自己、对他人保持真诚；带着勇气，把自己置身在艰难的对话中，让张力来延展自己的心和自己的脑，直到自己找到前行的路。

相信自己的所作所为，并努力思考你想通过自己做的事给世界带来什么变化。

——拉丁歌手、作曲家，切奇·巴斯蒂达（Ceci Bastida）

12.4 保持真诚的勇气

戴夫、埃斯特拉斯、格雷格这几位领导者，都是在原来的工作岗位上做了很久，后来发现需要前往下一站了；本书前面提到的很多领导者，则继续留在了自己的组织中。选择留下来，其力量来源于对自己所坚守东西的清晰认知。正如戴夫所说，变革的生力军需要留在——或是去到——那些需要被重塑的体系中，不是所有人都能有幸在已经觉醒了的、正从上而下推行着变革的首席执行官的手下工作的。

独立学者弗雷德里克·莱卢[①]（Frederic Laloux）曾这样说道："当中层管理者在向我表达他们对变革的渴望时[②]，我就问他们：你想要变革的心有多强？你准备冒怎样的风险？你计划在目前工作的岗位上继续待多久？你会考虑进行大胆的试验吗？你的头上有帮你挡枪的保护伞吗？——需要有这样的保护伞，帮你应付管理体制中的一些要求，但无须再多做什么，从而让你可以把精力留出来，在你自己的权力所及范围内去试验一些很不一样的做法。"

无论是出于经济抑或是其他什么原因，不是所有人都能辞掉自己目前的工作的。当你明白自己得要留在一个不是很想待的地方但你依然有变革的动力时，可以拿这个问题来问问自己：有什么是你不能不去做的？

---

① 弗雷德里克·莱卢，比利时独立学者、组织发展顾问，麦肯锡咨询公司前资深合伙人，《重塑组织》一书的作者（中译本由东方出版社 2017 年出版）。——译者注

② 这里具体的背景是指，这些中层管理者看到了一些新兴的管理模式，自己渴望组织发生变革，可高层却没有变革的动力，对新兴管理模式也不像中层那么感兴趣，他们便问弗雷德里克·莱卢，这种情况下他们可以怎么做。——译者注

12.5 固本强基，路在前方

走在莫比乌斯带的领导力之旅上，走在成为真我的整全人生之旅上，我们就不可能不转变，不可能不把自己的内在接引到外在来。托马斯·默顿这样写道："我们心中都有求新的本能，想要重获尊重，解放创造力，想去唤醒自己身上的力量，让它由内而外地改变我们的生命。另外，这个本能也同时告诉我们，这所谓的改变不过是对我们身上最深处、最原初、最自我的东西的一种复原而已。"

在我们中心，每当要结束一门培训、一场退思会或一次团队会议时，都有一个传统，即让大家轮一圈，把自己心中的所感表达出来作为结束语。我每次结束与某位领导者的一次访谈时，也常常问他们这样一个问题：你觉得自己需要有勇气去做的下一件事会是什么？

在此，我们以同样的感怀为前仆后继地走在这条勇气之路上的大家也送上良好的祝愿：愿各位领导者，在那长夜难眠的时分，都能与自己的真我对话；愿各位每天早晨起床时，一想到要去做的事，都志得意满；愿各位身边都能有那些身心完整、信任可托的人，让自己得以固本强基，也愿你也能反过来，帮他们得以固本强基。

当你回望那些艰难的时日时，愿你能坚信自己所做的这一切的价值，愿你能听到自己的心灵之歌。

世界夜歌

他站在装马的卡车边，
在等马戈多尔回来，开始吹口哨哼曲。
那边，大家已撤掉了外圈的帐篷，
在篷顶昏暗的灯光下来来回回地收拾着，

旅行箱、绳索、装备被悉数收妥。
他开始从灵魂的深处哼唱；
这曲他从不曾听过，
却发现这是自己灵魂
一直在咏唱的曲调，
早从这一切的源起，
他就一直在唱着了，
这是回归之歌。
仿佛像是他
站在茫茫宇宙的一角轻柔地、
从唇齿之间唱出的，
远处的星星全神贯注，
遥远的波涛仿佛也听见了他的哼唱，
仿佛
他多少发掘到了
这世界夜歌当中的一串音符。

——罗伯特·拉克斯[①]（Robert Lax），《太阳马戏团》

① 罗伯特·拉克斯（1915—2000），既是诗人也是灵性的探寻者，过着简朴、谦卑、优雅的生活，曾做过《纽约客》（*The New Yorker*）杂志的编辑，是《纽约客》和《新共和》（*The New Republic*）杂志的撰稿人，他于1962年搬到希腊拔摩岛过着隐居的生活，出版的诗集有《太阳马戏团》（*Circus of the Sun*）和《33首诗》（*33 Poems*）等。——译者注

推荐书目[1]

勇气与新生中心编撰的书籍：

- 《将问题活出来：受帕克·帕尔默著述及言行启发而撰写的文章汇编》（*Living the Questions: Essays Inspired by the Work and Life of Parker J. Palmer*），编者：萨姆·英特拉特
- 三本与领导行为相关的诗歌选集，编者：萨姆·英特拉特，梅甘·斯克里布纳
  - ◆《由内而外地领导》（*Leading from Within*）
  - ◆《带着心去教学》（*Teaching with Heart*）
  - ◆《带着火热去教学》（*Teaching with Fire*）

帕克·帕尔默所著书籍：

- 《教学勇气：漫步教师心灵》[2]（*The Courage to Teach*）
- 《治愈民主之心》（*Healing the Heart of Democracy*）
- 《隐藏的整全》[3]（*A Hidden Wholeness*）
- 《与自己的生命对话》[4]（*Let Your Life Speak*）
- 《悖论的生机》（*The Promise of Paradox*）
- 《积极生活》（*The Active Life*）
- 《知己所被知》（*To Know as We Are Known*）
- 《以陌生人为伴》（*The Company of Strangers*）

---

① 以下书目除有特殊标注外，均暂无中译本出版，书名为本书译者暂译。——译者注

② 此书名为正式出版的中译本书名。——译者注

③ 暂无简体中译本出版，此处书名为中国香港出版的繁体中文版书名。——译者注

④ 此书名为正式出版的中译本书名。——译者注

致　谢

对所有既成之事，感谢；对所有将成之事，接受。

——达格·哈马舍尔德[①]（Dag Hammarskjöld）

得益于我们勇气与新生中心那些慷慨大方的支持者所做的工作，已经有很多启迪他人的领导者将身心完整的自己带到所从事的工作中，让这个世界有了变化。对我们中心所做的关于人的完整性方面的尝试，有很多个体支持者、基金会给予了我们极大的信任，他们相信这个尝试是件好事，因而也不可能失败。在这个过程中，他们为我们投入了时间，贡献了资源，奉献了才智，我想对他们表达深深的谢意。

对所有在本书所述故事中出现了名字的领导者以及为本书字里行间贡献了故事的领导者，谢谢你们，感谢你们身上彰显的勇气，感谢你们每一天都将自己的“心之所往”和“身之所从”连于一处，并由此造就了不同。

帕克·帕尔默在《与自己的生命对话》一书中写道：“真理，就是一场永恒的对话，是关于一些重要事情的永恒对话，是我们既带着热忱又带着规矩进行的对话。真理不等于对话终了时的结论，因为结论是不断变化的。”

我想对帕克表达我无尽的谢意，是你的智者之言和纯真之谊让

① 达格·哈马舍尔德（1905—1961），又称D·哈马舍尔德，瑞典经济学家、外交家，1961年获诺贝尔和平奖，对瑞典乃至世界的和平做出了巨大的贡献。——译者注

我们可以一直进行这样的对话。通过你的帮助，在我们每一次对话时我都在练习如何拿捏悖论，在每一次对话时我也都在练习贵格会[①]的禅宗公案[②]，恰如我上面所引的这句话一样。我还想将我无尽的谢意送给马西·杰克逊和里克·杰克逊，作为勇气与新生中心的联合创始人以及高级研究员，感谢你们为我们带来洞见、智慧，还有无边无量的心。特别感谢我们中心的总干事特里·查德西（Terry Chadsey），是你相信我们可以出这样一本书，并让我来担此重任，这本书的书页之间也透着你的领导才智。如果没有以上四位领导者对我们中心的创建、匡扶之功，那么“勇气之路”的故事也便不复存在了。

真希望我能写下勇气与新生中心那些所有优秀引导师的名字，以及所有中心理事会成员的名字，是你们让这本书成为可能——用你们的热情与天赋种下的种子，如今开花结果，感谢你们和我一起对一些理念进行的研讨并分享你们的经历，让我得以看到更大的图景、更多的细节。

我真心地感念，是那些和我们一起协作的人让这一切成为可能。我想向本书的编辑谢里尔·富勒顿（Sheryl Fullerton）深鞠一躬以表谢意，感谢你在这个过程中给我的指导、鼓励和耐心，另外也特别感谢你让我得以和很多贝雷特 - 凯勒出版社（Berrett-Koehler）的优秀人物相识。感谢埃琳·莱恩（Erin Lane），感谢你既有一双

① “贵格”为英语 Quaker 一词之音译，意为颤抖者，因贵格会建立之初，在聚会时常有人激动得颤抖而得名，又名教友派、公谊会，兴起于 17 世纪中期的英国及其美洲殖民地。贵格会的特点是没有成文的信经、教义，最初也没有专职的牧师，无圣礼与节日。贵格会有一些特殊的生活习惯，如在其内部互以“你”（thee，thou）相称，而不称“您”（You），以示信徒一律平等；强调生活简朴，不参与任何世俗娱乐活动；反对外在的权威和烦琐的形式，无圣餐和圣洗，不庆祝复活节和圣诞节等基督教节日；宣传爱与宽容的原则，反对暴力、战争。宽容是贵格会的生活方式之一，所以贵格会愿意与所有其他的信仰或教会学习。——译者注

② 这里的“公案”（koan）是佛教禅宗用语，即指佛教禅宗祖师、大德在接引参禅学徒时所做的禅宗式的问答，或某些具有特殊启迪作用的动作。——译者注

编辑的锐眼，又有一颗作家的心。感谢玛丽安·休斯顿（Marianne Houston）、巴布·赫梅尔（Barb Hummel）、肯·萨克森（Ken Saxon）、珍妮特·史密斯（Janet Smith），引荐我认识了很多了不起的领导者。

我想向多年来在勇气与新生中心工作的人员表示感谢——安·纽（Ann New）、约翰·芬纳（John Fenner），杰德·戈尔德施密特（Jade Goldschmidt）、克里斯蒂娜·赫伯特（Christine Herbert）、埃琳·斯宾塞（Eryn Spence）、乔·万斯（Jo Vance）、埃丽卡·拉特纳（Erica Ratner）、德利·莫萨维-博克（Deli Moussavi-Bock）、卡伦·劳普乌斯（Karen Rauppius）、罗斯·余（Rose Yu）、阿内斯·德拉莫尔（Anais Delamour）、罗宾·加夫尼（Robin Gaphni），感谢你们每一天都以身心完整的状态绽放出最好、最真的自己，我珍视你们，珍视与你们进行的每一次对谈。

感谢我的家人朋友，是你们的爱让我的每一天都过得值得，让我能一路向前开进：布赖恩·凯西（Brian Casey）、威尔·维克罗伊（Wil Vickroy）、黛安娜·迪克森（Dianne Dickerson）、莫伊拉·格雷（Moira Gray）、凯西·马特西和格雷斯·马特西（Kathy and Grace Matsey）、克里斯滕·彼得斯（Kristen Peters）。感谢我的姐姐让娜尔·弗朗西斯（Jenéne Francis）、我的父母丽娜·弗朗西斯 (Rena Francis) 和杰夫·弗朗西斯（Jeff Francis），感谢你们从我生命的第一天起就给予我的爱。

还有很多上天给到我的暗中襄助，在恰如其分的时刻通过一些人给我送来礼赠，而这些人可能连自己都不知道给了我莫大的帮助。感谢卡丽·纽科默（Carrie Newcomer）和艾伦·克拉森（Alan Claassen）带来的歌曲；感谢史蒂夫·乔治乌（Steve Georgiou）、乔·萨内勒（Joe Sarnelle）和玛西亚·凯利（Marcia Kelly）帮我联结上了罗伯特·拉克斯①；感谢玛丽亚·波波娃在“采思网”博客专栏②上采撷出如此茂盛的智慧之花；感谢丹尼丝·莱弗托夫③（Denise Levertov），是你的诗歌给了我灵感。

① 罗伯特·拉克斯是本书终章结尾处所引诗歌的作者，详见第 12 章的译者注。——译者注

② 2021 年起，博客专栏“采思网”已更名为“擦边人”，因本书英文原版成书于 2018 年，故此处仍是旧名。——译者注

③ 丹尼丝·莱弗托夫（1923—1997），在英国出生的美国诗人，美国 20 世纪最有影响的诗人之一，20 世纪 50 年代她提出了“有机形式”的诗歌创作理念并终生为之努力。她创作了很多包含独特视角、多元文化传统和道德使命感的诗歌，一生在美国多所大学执教多年，主要作品包括 25 部诗集、4 部散文集以及书信集等。——译者注

领导力大师系列
——重磅上市——
用大师的领导力思想，应对数字时代的深度变革

排名世界第一的领导力大师的传世之作，新东方创始人俞敏洪、清华大学教授杨斌领衔推荐，为你的精彩人生规划一份领导力蓝图。

ISBN：978-7-5043-8934-3
定价：79.00 元

哈佛商学院终身教授、变革领导力之父约翰·科特最新力作。本书堪称变革逻辑的颠覆性创新之作，组织变革和领导力提升的教科书级指导书。

ISBN：978-7-5043-8993-0
定价：79.00 元

本书系统介绍了 11 种各具特色的思维方式，能全面提升你的大局意识、创新力和领导力，帮助你以多维思考应对复杂社会的巨大挑战。

ISBN：978-7-5151-0880-3
定价：59.00 元

本书为我们打开了“青色组织”与“自主管理”的大千世界，让各种新型管理做法闪亮登场，带我们领略这些充满生机与活力的组织新型管理实践。弗雷德里克·莱卢郑重推荐！

ISBN：978-7-5043-8951-0
定价：89.00 元